Alexander Schneider

EINWÄNDE

gegen den Glauben

Die Bibelstellen sind nach der im gleichen Verlag erschienenen „Elberfelder Übersetzung" (Edition CSV Hückeswagen) angeführt.

1. Auflage 2018

© by Christliche Schriftenverbreitung, Hückeswagen, 2018

Satz und Layout: Christliche Schriftenverbreitung
Umschlag: ideegrafik, Jürgen Benner
Bildnachweis Innenteil: pixabay.com

Druck: CPI – Ebner & Spiegel, Ulm

ISBN: 978-3-89287-616-8

www.csv-verlag.de

INHALT

Einwände zum Thema Bibel und Jesus

Einwände zum Thema Gott

Einwände zum Thema Schuld

Einwände zum Thema Tod und Ewigkeit

Einwände zum Thema Glauben

Einwände zum Thema Himmel

VORWORT

Schön, dass du dieses Buch liest. Ich weiß nicht, warum du das tust. Vielleicht hast du das Buch gekauft, vielleicht hat es dir ein Freund oder Bekannter geschenkt.

Wie dem auch sei: Möglicherweise beschäftigen dich einige Einwände gegen den christlichen Glauben. Ich wurde oft mit ihnen konfrontiert – durch Atheisten, Menschen mit christlichen Eltern, Buddhisten, Muslime, Hindus, Katholiken, Rastafaris, Zeugen Jehovas, Evolutionstheoretiker, Angehörige der Religionsparodie des „Fliegenden Spaghettimonsters", Satanisten, Menschen, die Angehörige verloren haben, Todkranke, Flüchtlinge mit traumatischer Vergangenheit, Mörder, Verbrecher, Drogenjunkies, Alkoholiker, Kriegsveteranen, Obdachlose, Manager, Homosexuelle, Doktoren, Wissenschaftler, Reiche und Arme, Junge und Alte und noch viele weitere.

All diese Leute hatten Einwände. Ich möchte versuchen, auf einige davon einzugehen, bin mir aber darüber im Klaren, dass ich nicht jeden Einwand erschöpfend behandeln kann.

Du kannst dieses Buch vollständig durchlesen oder dir gezielt einzelne Punkte heraussuchen, die dich am meisten interessieren. Dabei wirst du feststellen, dass ich oft die Bibel zitiere. Das ergibt deshalb Sinn, weil die Bibel Auskunft gibt, wie Gott über die verschiedenen

Einwände denkt. Die Bibel ist für mich übrigens das Wort Gottes. Warum ich davon überzeugt bin, erläutere ich ab Seite 15.

Ich wünsche dir, dass alle deine Einwände verblassen und du Gott finden kannst. Die Bibel sagt über ihn: *„Denn so hat Gott die Welt geliebt, dass er seinen einzigen Sohn gab, damit jeder, der an ihn glaubt, nicht verloren gehe, sondern ewiges Leben habe"* (Johannes 3,16). Gott wartet darauf, dass du an seinen Sohn Jesus Christus glaubst. Er will dir ewiges Leben schenken!

Letztlich kann nur Gott selbst deine Einwände zufriedenstellend beantworten. Er verspricht in der Bibel: *„Und ihr werdet mich suchen und finden, denn ihr werdet nach mir fragen mit eurem ganzen Herzen; und ich werde mich von euch finden lassen, spricht der HERR"* (Jeremia 29,13.14).

Jesus sagt:
Wahrlich, wahrlich, ich sage euch:
Wer mein Wort hört und glaubt dem,
der mich gesandt hat, hat ewiges Leben
und kommt nicht in das Gericht,
sondern er ist aus dem Tod
in das Leben übergegangen.

Johannes 5,24

EIN-WÄNDE – GEGEN WAS?

Als Donald Trump 2017 seine erste Pressekonferenz als designierter Präsident der USA gab, schleuderte er in Richtung der Medien einen Satz, der seitdem unsere Gesellschaft beeinflusst hat: „Ihr seid Fake News!" Damit begünstigte er die anschließende Tendenz vieler Bürger, (fast) alles in den Medien zu hinterfragen. „Was ist eigentlich noch wahr?" – diese Frage beschäftigt im 21. Jahrhundert viele Menschen. Und so werden News und Mitteilungen in den sozialen Netzwerken fast schon automatisch hinterfragt.

Woher soll ich wissen, worauf ich mich verlassen kann? Gibt es heute noch Wahrheit?

Vor 2000 Jahren sagte Jesus Christus, dass die Bibel absolute Wahrheit ist (Johannes 17,17). Damit meint er, dass es in der Bibel keine Fake News gibt – jedes einzelne Wort ist wahr. Was aber, wenn es nun auch gegen den christlichen Glauben Einwände gibt? Lohnt es sich, Jesus Christus und die Bibel zu hinterfragen?

Stell dir vor, du willst mit dem Zug nach Berlin fahren. Du schlägst den Fahrplan auf oder schaust online nach und siehst dann, wo welcher Zug wann losfährt. Und jetzt? Informierst du dich nun zuerst darüber, wie der Fahrplan zustande gekommen ist? Oder versuchst du herauszufinden, ob im Fahrplan vielleicht ein Druckfehler vorliegt? Rufst du beim Bahnhof an und fragst, ob der Plan noch gültig ist? Zweifelst du auch nur irgendeine Zahl oder Angabe an? Nein, du gehst zum Bahnhof. Du steigst in den richtigen Zug und fährst los – Richtung Berlin. Das ist gut so, denn wenn du dich zu lange mit möglichen Einwänden gegen den Fahrplan aufhältst, könnte es passieren, dass dir dein Zug glatt vor der Nase wegfährt.

Dieser Vergleich illustriert, warum es so verhängnisvoll ist, die Informationen der Bibel infrage zu stellen, nicht zur Kenntnis zu nehmen oder abzulehnen.

Für Christen ist die Bibel der Fahrplan, der die richtige Richtung angibt. Mit ihrer Hilfe möchte ich in diesem Buch einige herausfordernde Antworten auf 22 Einwände geben, welche viele Menschen heutzutage gegen den christlichen Glauben haben. Im Folgenden wird in den jeweiligen Themenbereichen kurz vorgestellt, wogegen sich die Einwände richten.

Jesus Christus und die Bibel

Die Bibel sagt von sich, dass sie das Wort Gottes ist. Obwohl Menschen sie mit ihren Händen aufgeschrieben haben, wurden sie dabei von Gottes Geist geführt, so dass die biblischen Schreiber Wort für Wort genau das aufgeschrieben haben, was Gott wollte.

Deshalb hat die Bibel den Anspruch, die absolute Wahrheit zu sein: *„Alle Schrift ist von Gott eingegeben"* (2. Timotheus 3,16).

Darüber hinaus teilt die Bibel uns mit, dass Jesus Christus der Sohn Gottes ist und auf diese Erde kam, um für Menschen zu sterben.

Gott

Die Bibel stellt uns Gott als den Schöpfer vor, der das Universum, unseren Planeten und uns Menschen erschaffen hat: *„Durch das Wort des HERRN sind die Himmel gemacht worden"* (Psalm 33,6). Sie schreibt nichts von einem Urknall, sie erwähnt nicht, dass sich das Leben in Millionen von Jahren weiterentwickelt hätte. Da viele Menschen dem Irrtum erliegen, die Evolutionstheorie wäre wissenschaftlich bewiesen, wird die Bibel fälschlicherweise als Märchenbuch abgetan.

Weiterhin sagt die Bibel, dass Gott so perfekt ist, dass er es hasst, wenn Menschen sündigen. Da er absolut gerecht ist, muss er dies bestrafen.

Schuld

Die Bibel deckt schonungslos auf, dass jeder Mensch ein Sünder ist: *„Alle sind abgewichen, sie sind allesamt verdorben; da ist keiner, der Gutes tut, auch nicht einer"* (Psalm 53,4). Fällt es dir schwer, das nachzuvollziehen? Dann schlag einmal die Zeitung auf und du wirst sehen, wozu Menschen fähig sind und wie gewalttätig, verdorben, lieblos, egoistisch und verlogen die Gesellschaft ist. Der Bosheit sind leider keine Grenzen gesetzt – und weil die Bibel den Menschen so beurteilt, wie er ist, wird sie infrage gestellt oder abgelehnt.

Tod und Ewigkeit

Die Bibel beschreibt, dass wir Menschen von Gott getrennt sind: Die Sünden machen es unmöglich, zu Gott in den Himmel zu kommen und er muss die Menschen für ihre Sünden bestrafen – mit der ewigen Trennung von Gott, die in der Bibel „Hölle" genannt wird: *„[...] die Strafe erleiden werden, ewiges Verderben vom Angesicht des Herrn"* (2. Thessalonicher 1,9).

Glauben

Gleichzeitig enthält die Bibel aber auch die beste Botschaft, die es geben kann. Sie berichtet von Jesus Christus, dem Sohn Gottes. Er kam vor mehr als 2000 Jahren als Mensch auf die Erde, um hier zu sterben. Dabei starb er nicht aufgrund eigener Fehler – der Grund dafür waren die Sünden der Menschen. Jesus wollte es uns ermöglichen, wieder zu Gott zu kommen. Und genau das ist die wunderbare Botschaft der Bibel: Weil Jesus für die Sünden der Menschen gestorben ist, können wir mit Gott in Verbindung kommen – *„denn es hat ja Christus einmal für Sünden gelitten, der Gerechte für die Ungerechten, damit er uns zu Gott führe"* (1. Petrus 3,18). Gott kann dir und mir vergeben. Jesus macht es möglich. Dazu ist es nötig, dass ich an ihn als meinen Retter *glaube* – und daran, dass er mich durch seinen Tod erretten kann.

Himmel

Jesus Christus betont in der Bibel, dass er selbst der einzige Weg in den Himmel ist: *„Niemand kommt zum Vater als nur durch mich"* (Johannes 14,6). Das bedeutet im Umkehrschluss, dass kein Mensch durch gute Taten oder durch andere Religionen zu Gott kommen kann. Der Weg in den Himmel führt über Jesus Christus.

Du hast Einwände. Das kann ich gut verstehen. Aber willst du dich nicht einmal durch die Aussagen der Bibel herausfordern lassen, deinen Standpunkt ehrlich zu hinterfragen? Du wirst beim Lesen dieses Buches schnell merken: Gott will dich für immer glücklich machen. Und das solltest du wirklich nicht verpassen!

EINWÄNDE
ZUM THEMA
BIBEL
UND
JESUS

„Die Bibel ist von Menschen geschrieben und soll Gottes Wort sein? Das glaubt ihr?"

„Märchenbuch" – so haben schon viele Menschen die Bibel genannt. Ein Buch mit unlogischen Geschichten, voll von Widersprüchen und falschen Aussagen. Nur von Menschen geschrieben. Und aus diesem Grund wäre es blanker Unsinn, die Bibel als Gottes Wort zu bezeichnen. Denkst du ähnlich?

Falls ja, gebe ich dir in einem einzigen Punkt Recht: Tatsächlich haben Menschen die Bibel niedergeschrieben. Der Unterschied zu jedem anderen Buch der Weltgeschichte liegt jedoch darin, dass Gott sie ihnen „diktiert" hat: *Alle Schrift ist von Gott eingegeben* (2. Timotheus 3,16). Gott selbst teilt uns also seinen Anspruch mit, der Autor dieses Buches zu sein. „Okay", sagst du, „wenn Gott das behauptet, will ich dafür Beweise sehen!"

Im Folgenden schauen wir uns vier Aspekte an, die zeigen, dass bei der Entstehung der Bibel nicht nur menschliche Gehirne am Werk gewesen sein können. Am Ende wirst du hoffentlich zu dem Ergebnis kommen: Die Bibel ist Gottes Wort.

Argumente für Gott als Autor der Bibel
1. Erfüllte prophetische Aussagen

Nur Gott kann treffsicher vorhersagen, was in der Zukunft geschehen wird: *„Aber es ist ein Gott im Himmel, der Geheimnisse offenbart; und er hat [...] kundgetan, was am Ende der Tage geschehen wird"* (Daniel 2,28). Gott beweist durch seine prophetischen Aussagen tatsächlich, dass die Bibel sein Wort ist.

Professor a.D. Werner Gitt, früher Direktor des Fachbereichs Informationstechnologie der Abteilung für Wissenschaftlich-Technische Querschnittsaufgaben innerhalb der Physikalisch-Technischen Bundesanstalt in Braunschweig, gibt an, dass die Bibel 6.408 Verse mit prophetischen Aussagen enthält[*]. Dazu gehören beispielsweise die Art und Weise der Eroberung der Stadt Tyrus durch Alexander den Großen, die Rückführung der verschleppten Juden nach Israel durch den medo-persischen König Kyros (oder Kores) sowie die Gründung des Staates Israel im Jahr 1948. Alles wurde viele Jahrhunderte zuvor vorhergesagt. Das Erstaunliche ist nun, dass 3.268 dieser Prophetien bereits eingetroffen sind, während die Erfüllung der anderen aus heutiger Sicht noch aussteht.

„Das war sicher Zufall", hörte ich viele Menschen sagen. Aber hätte sich das alles zufällig erfüllen können?

---

[*] Vgl. Gitt, Werner (2011): *So steht's geschrieben.* CLV-Verlag. S. 159-199

Professor Gitt rechnet mathematisch aus, wie gering eine solche Wahrscheinlichkeit wäre: Eine Chance von 1 : $1,7 \cdot 10^{984}$ (das bedeutet, nach dem Komma kommen 983 Nullen und dann erst die 17!).

Welcher Mensch kann ein Buch schreiben, in dem präzise Vorhersagen über die Zukunft stehen – die dann tatsächlich genau eintreffen?

Diese Wahrscheinlichkeit entspricht der Wahrscheinlichkeit dafür, dass man gleichzeitig 1.264 normale Würfel wirft und alle Würfel eine 6 anzeigen. Glaubst du lieber an einen unrealistischen Zufall als an den Gott der Bibel, der tatsächlich alles weiß? Gott ist der Einzige, der wirklich treffsichere Aussagen über die Zukunft machen kann. Und wenn diese 3.268 Aussprüche schon stimmen – stimmt dann nicht der Rest der Bibel ebenso?

Ich möchte gern drei konkrete Vorhersagen anführen, welche zeigen, dass die Bibel etwas vorhergesagt hat, was später eingetroffen ist:

◎ Etwa 1600 v. Chr. gab Mose dem Volk Israel eine Botschaft Gottes, in der er beschrieb, was mit ihnen geschehen würde, sollten sie ihm untreu werden: *„Und ich [Gott] werde das Land verwüsten, dass eure Feinde, die darin wohnen, sich darüber entsetzen sollen. Euch aber werde ich unter die Nationen zerstreuen, und ich werde das Schwert ziehen hinter* *euch her"* (3. Mose 26,32.33). Hat sich diese detaillierte Aussage erfüllt? In der Tat: Verschiedene militärische Auseinandersetzungen (der erste jüdische Krieg 66-73 n. Chr., der Diasporaaufstand 115-117 n. Chr., der Bar-Kochba-Aufstand 132-135 n. Chr., der Einmarsch der muslimischen Heere zwischen 636 und 640 n. Chr.) führten zu schrecklichen Zerstörungen und der damit einhergehenden Entvölkerung Israels. Infolgedessen verandelten sich die fruchtbaren und waldbedeckten Gebiete in einen öden Landstrich, während die Wüste um sich griff. Nach den Kriegen versklavten besonders die Römer viele Juden und verkauften sie in alle Teile des römischen Reiches. Noch heute leben viele Juden weltweit verstreut. Durch alle Jahrhunderte hindurch wurden sie verfolgt, in der Nazizeit erreichte der Antisemitismus seinen vorläufigen Höhepunkt. Jedes Detail der Vorhersage Moses hat sich erfüllt.

○ Ungefähr im Jahr 539 v. Chr. prophezeite Daniel (Daniel 9,25), dass die Hauptstadt Jerusalem, die zu der Zeit aufgrund der Eroberung durch den babylonischen König Nebukadnezar II. in Schutt und Asche lag, wiederaufgebaut werden würde. Erst ca. 445 v. Chr., also 106 Jahre später, gab der Perserkönig Artaxerxes I. Longimanus den Auftrag, Jerusalem als Stadt wiederaufzubauen.

○ Ebenfalls 539 v. Chr. prophezeite Daniel (Daniel 9,26), dass sowohl Tempel als auch Stadt zerstört werden

würden. Genau dies taten die Römer im Jahre 70 n.
Chr., also mehr als 600 Jahre später.

Viele entgegnen nun, dass Menschen diese Prophetien
absichtlich zur Erfüllung gebracht hätten. Aber ist es
vorstellbar, dass die Juden freiwillig eine solche Selbst-
zerstörung inszenieren? Oder dass es den Römern und
Muslimen ein Anliegen war, biblische Prophetien zu
erfüllen? Sicher nicht! Es ist doch viel wahrscheinlicher,
dass Gott etwas prophezeit hat – schon lange bevor es
erfüllt wurde.

Interessant sind in diesem Zusammenhang besonders die Erfüllungen der Prophetien von Jesus Christus,
welche schon lange vor seiner Geburt ausgesprochen
wurden. Auch hier seien ein paar Prophetien angeführt, welche sich nachweislich erfüllt haben:

◎ Jahrhunderte zuvor weissagte Jesaja, dass Jesus von
einer Jungfrau geboren werden würde: *„Siehe, eine
Jungfrau wird schwanger werden und einen Sohn ge-
bären"* (Jesaja 7,14). Matthäus 1,18.19 bestätigt dies.

◎ Auch der Prophet Micha tat etwas menschlich Un-
mögliches, als er Jahrhunderte vor der Erfüllung vor-
hersagte, wo Jesus geboren werden würde – in einem
kleinen Ort namens Bethlehem (Vorhersage in Micha 5,1;
Erfüllung in Matthäus 2,1).

◎ Sacharja ergänzte lange im Voraus ein weiteres
wichtiges Detail, nämlich den Preis, für den Jesus

durch seinen Jünger Judas verraten werden würde: 30 Silberstücke (Sacharja 11,12, Erfüllung in Matthäus 26,15). Die bezahlenden Hohenpriester hatten sicher kein Interesse daran, absichtlich diese Prophezeiung zu erfüllen.

◎ David prophezeite lange vorher zudem die Art und Weise der Hinrichtung Jesu: Kreuzigung (Psalm 22,17: *„Sie haben meine Hände und meine Füße durchgraben"*). Die lange Zeit zwischen Vorhersage und Erfüllung (mehrere Jahrhunderte) sowie die Tatsache, dass diese Hinrichtungsmethode damals bei dem Volk Israel nicht praktiziert wurde, zeigen wieder einmal, dass Gott die einzig mögliche Quelle dieses Bibelverses sein kann.

Ist Gott, der alles weiß und alles lenkt, nicht glaubwürdiger als ein unrealistischer Zufall? Wir haben nur sieben der 3.268 Prophezeiungen beleuchtet – aber reichen diese nicht schon, um zu beweisen, dass hinter der Bibel nicht einfach menschliche Weisheit stecken kann?

2. Die wissenschaftliche Genauigkeit der Bibel

Viele Menschen behaupten, sie wollen lieber an die Wissenschaft glauben als an die Bibel. Die Bibel würde so viele Widersprüche zur modernen Wissenschaft beinhalten, dass sie nicht daran glauben können. Aber stimmt das?

Im Folgenden möchte ich einige Beispiele anführen, die zeigen, dass die Aussagen der Bibel über die Natur oder das Universum nicht den Erkenntnissen der Wissenschaft zuwiderlaufen. Dabei gilt es zu bedenken, dass die Autoren der Bibel ihre Aussagen aufschrieben, als es noch gar keine modernen Naturwissenschaften gab.

○ *„Wie das Heer des Himmels nicht gezählt ... werden kann"* (Jeremia 33,22). Wie bitte, unzählbar? 600 v. Chr., als Jeremia diese Worte aufschrieb, konnten die Menschen mit bloßem Auge ungefähr 6.000 Sterne erkennen, Teleskope gab es noch lange nicht. Zählbar, oder? Und trotzdem diese Aussage! Die europäische Raumfahrtbehörde ESA gibt an, dass die Anzahl der Sterne heute auf zwischen 10^{22} und 10^{24} geschätzt wird, also zwischen 10 Trilliarden und einer Quadrillion.* Dies entspricht einer 1 mit 22 bzw. 24 Nullen – eine unvorstellbar große Zahl! Jeremia kannte diese Zahl natürlich nicht – Gott hatte ihm diese Aussage offenbart.

○ *„Welches ist der Weg, auf dem das Licht sich verteilt?"* (Hiob 38,24). Früher dachten die Menschen, das Licht sei ein Zustand und würde sich nicht bewegen. Erst Isaac Newton und Christiaan Huygens konnten im 17. Jahrhundert nachweisen, dass sich das Licht

---

* Quelle: https://m.esa.int/Our_Activities/Space_Science/Herschel/How_many_stars_are_there_i.n_the_Universe (10.08.18)

tatsächlich ausbreitet. Gott hatte es schon mehrere Jahrtausende vorher mitgeteilt.

- *„Meinem Keim [oder Knäuel, ungeformte Masse] sahen deine Augen, und in dein Buch waren sie alle eingeschrieben, die Tage, die entworfen wurden, als nicht einer von ihnen war"* (Psalm 139,16). Hatte David 1.100 v. Chr. etwa schon ein Mikroskop, um die ersten Tage nach der Zeugung neuen Lebens zu beobachten? Zumindest wusste er hier schon deutlich mehr als die Wissenschaft der Neuzeit. Obwohl 1677 die Existenz von männlichen Samenzellen nachgewiesen werden konnte, stellten sich die Menschen eine solche Zelle als einen „Mini-Menschen" vor, der einfach nur noch wachsen müsse. Heute wissen wir, dass sich nach der Vereinigung von weiblicher Ei- und männlicher Samenzelle zunächst ein Zellknäuel bildet, das sich erst später zu der menschlichen Form entwickelt. Wie konnte David das früher schon wissen? Die Antwort kann nur sein: durch Gott!

3. Die faszinierende Einheit der Bibel

Stell dir vor, ungefähr seit dem Jahr 350 n. Chr. bis heute würde ein einziges Buch verfasst. Die verschiedensten Autoren (Germanen, Römer, Mittelalterautoren bis hin zur Postmoderne) hätten daran geschrieben – was für ein chaotisches Werk wäre das geworden!

Doch das ist der zeitliche Rahmen der Entstehung der Bibel. Denn über eine Zeitspanne von über 1600 Jahren haben etwa 40 Männer aus drei verschiedenen Kontinenten, die sich untereinander nicht kannten, an diesem Buch geschrieben. Dazu gehörten der Adoptivsohn eines ägyptischen Pharaos, ein Ministerpräsident, ein Mundschenk, ein Arzt, ein Zeltmacher, ein General, Könige, Fischer, Zöllner, Gefängnisinsassen, Hirten, Handwerker, Propheten, Gelehrte, sogar ein ehemaliger Feind des Christentums. Unmöglich, dass solche Personen, die sich niemals hätten absprechen können, über eine so lange Zeit einheitlich schreiben, richtig? Aber genau das ist bei der Bibel der Fall. Von der ersten Seite der Bibel (die Erschaffung der Welt) bis zur letzten (neue Himmel und neue Erde) greift eine Aussage in die nächste. Sie alle passen harmonisch zusammen und haben letztlich die eine Botschaft für uns Menschen: Gott hat seinen Sohn Jesus Christus gesandt, um der verlorenen Menschheit die Errettung anzubieten.

4. Die erschütternde Wahrheit über den Menschen

Würde irgendein Mensch ein Buch schreiben, in dem er selbst und jeder andere als ein abgrundtief verdorbenes Wesen dargestellt wird? Die Bibel tut genau das. In ihr zeigt Gott, dass es in keinem Menschen etwas

Gutes gibt (vgl. Römer 7,18.19) und jeder das Böse liebt. Sie nennt uns Gottes vernichtendes Urteil: *„Und der HERR sah, dass die Bosheit des Menschen groß war auf der Erde, und alles Gebilde der Gedanken seines Herzens nur böse den ganzen Tag"* (1. Mose 6,5). Sie beschreibt, wie der einzige Retter von den Menschen gehasst, abgelehnt, bespuckt, geschlagen, beleidigt und zuletzt grausam gekreuzigt wurde. Ist dies nicht ein Hinweis darauf, dass da wirklich Gott am Werk war? Menschliche Autoren würden eine solch negative Sicht wahrscheinlich niemals wagen. Dafür ist der Mensch zu stolz!

Was nun?

Diese vier knappen Beispiele liefern uns gute Gründe dafür, an die Bibel als das Wort Gottes zu glauben. Es ist nicht vorstellbar, dass Menschen allein dazu in der Lage sind, solch ein wunderbares Buch zu verfassen. Dazu waren die Schreiber der Bibel nur durch den Geist Gottes fähig, der sie Wort für Wort das aufschreiben ließ, was Gott uns mitteilen wollte.

Wenn also die historischen, prophetischen und sachlichen Aussagen der Bibel wahr sind, dann sind auch alle anderen Verse der Bibel wahr. Dann stimmen auch Gottes Aussagen über uns Menschen als Sünder, dann stimmen seine Beschreibungen der Hölle, dann stimmen seine Warnungen vor einem Leben ohne Gott.

Entweder jedes Wort – oder keins!

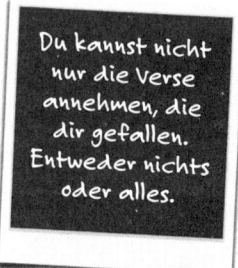

Du kannst nicht nur die Verse annehmen, die dir gefallen. Entweder nichts oder alles.

In diesem Zusammenhang ist es wichtig, kurz auf die historisch-kritische Theologie einzugehen, die heute an den meisten Universitäten gelehrt wird und die der Glaubwürdigkeit der Bibel enormen Schaden zufügt. Die historisch-kritischen Theologen behaupten, man müsse jeweils die kulturellen und historischen Begleitumstände der verschiedenen Bibelteile beachten. Die Konsequenz daraus sei, so wird behauptet, dass viele Aussagen der Bibel heute nicht mehr wörtlich zu nehmen sind. Ich erinnere mich noch gut an das Erstaunen einer katholischen Religionslehrerin, mit der ich darüber sprach, dass ich die historisch-kritische Methode ablehne und daran glaube, dass es auf jedes einzelne Wort der Bibel im hebräischen und griechischen Grundtext ankommt. Wie siehst du das? Zweifelst du daran, dass die Bibel uneingeschränkt Gottes Wort ist?

Ich möchte einige Gründe nennen, warum die historisch-kritische Denkweise falsch ist:*

---

* Wenn du dich genauer über die historisch-kritische Denkweise informieren möchtest, empfehle ich dir das Buch von Eta Linnemann „Original oder Fälschung – Historisch-kritische Theologie im Licht der Bibel".

1. Woher nehmen wir kleinen Menschen das Recht, darüber zu entscheiden, welche Aussage der Bibel nun verbindlich gilt und welche nicht? Bisher bin ich noch keinem über den Weg gelaufen, der mir widersprach, dass Lügen eine Sünde sei. Aber beim Thema Homosexualität zeigt sich ganz deutlich, dass die Botschaft Gottes nicht mehr gilt. Wenn du die Bibel nicht wörtlich nimmst, möchte ich dich gern fragen: Warum entscheidest du einmal so, ein anderes Mal so? Nur hier und da Verbindlichkeit zu sehen, funktioniert nicht!

2. Das eben angeführte Beispiel zeigt eins ganz deutlich: Wir sind wirkliche Experten darin, die Bibel danach zu selektieren, was uns passt und was nicht. „Wie bitte, Gott spricht gegen Sex vor und außerhalb der Ehe, gegen Tätowierung, gegen unmäßigen Gebrauch von Alkohol? – Na, dann werden diese Stellen wohl nur damals gültig gewesen sein." Das ist die Sprache vieler Menschen. Sie entscheiden selbst, in welchem Punkt Gott das meinte, was er geschrieben hat. Aber nimm einmal das Grundgesetz Deutschlands zur Hand. Blättere es durch und reiße alle Gesetze heraus, die dir nicht passen, die dich „in deiner Freiheit einschränken". Wenn du nun gegen diese Gesetze verstößt und den Richter darauf aufmerksam machst, dass du diese Gesetze als unverbindlich und übertrieben ansiehst, was wird er tun? Dich freisprechen? Oh nein! Du bist

an die Gesetzgebung gebunden, ob du möchtest oder nicht. Bei der Bibel ist das nicht anders! Gottes Wort ist verbindlich und wahr, vom ersten bis zum letzten Wort. Sich nur an die Verse zu halten, die einem passen, ist eine Haltung, die eigentlich nur eins offenbart: „Gott, ich brauche dich nicht. Ich entscheide selbst, was gut und böse ist. Ich entscheide selbst, wann du wahr gesprochen hast und wann nicht."

3. Ein dritter Punkt ist der Grundsatz, dass bei Gott *„keine Veränderung ist"* (Jakobus 1,17). Er ändert sich nicht – seine Gedanken heute sind noch dieselben, die er schon hatte, als er die Bibel aufschreiben ließ. Wenn er damals seinen Maßstab dafür vorstellte, was Sünde ist, dann gilt dieser bist heute unverändert. Gottes Wort steht fest für alle Zeiten. Das bedeutet natürlich nicht, dass Christen heute jedes Gebot aus dem Alten Testament befolgen müssten. Das macht Jesus in den Evangelien deutlich. Vielmehr geht es darum, dass sich Gottes Sichtweise auf Sünde nie geändert hat.

Konsequenz für dein Leben

Ich hoffe, es leuchtet dir ein, dass die Bibel tatsächlich von Gott eingegeben wurde und dass jedes einzelne Wort im Grundtext der Bibel verbindlich für dich und mich gilt. Wenn das so sein sollte, bitte ich: Glaube der Bibel als dem Wort Gottes! Gott spricht darin zu dir ganz persönlich. Er möchte dir mitteilen: „Du bist ein Sünder, den ich richten muss. Da ich dich aber sehr liebe, habe ich meinen Sohn Jesus Christus auf diese Erde gesandt, damit er für Sünder stirbt. Und das hat er getan er. Glaube daran!"

Noch eins: Über die Glaubwürdigkeit der Bibel kann eigentlich nur derjenige diskutieren, der sie gelesen hat. Überzeuge dich doch selbst, ob sie wirklich Gottes Wort, die Wahrheit, ist. Dabei solltest du darauf achten, dass du eine zuverlässige Bibelübersetzung hast, die sich nah an den Grundtext der Bibel hält. Eine anerkannt genaue Bibelübersetzung ist die Elberfelder Übersetzung.* Beim Lesen wirst du spüren, dass die Bibel sich selbst als lebendiges Wort beweist. Lies die Bibel!

[Jesus sprach zu ihnen]:
Von jetzt an sage ich es euch,
ehe es geschieht, damit ihr,
wenn es geschieht, glaubt, dass ich es bin.

Johannes 13,19

Dein Wort ist Wahrheit.

Johannes 17,17

---

* Als Edition CSV erhältlich bei: www.csv-verlag.de

2

„Wie soll ein Mensch mich retten können, der vor zweitausend Jahren gelebt hat?"

An Jesus Christus entscheidet sich alles. Viele Menschen geben zu, dass sie gesündigt haben. Aber bei dem Namen „Jesus Christus" zeigt sich, wie sie wirklich über dieses Thema denken. Jesus stößt bei vielen auf Ablehnung. Sie wollen nicht akzeptieren, dass der Weg in den Himmel nur über Jesus Christus führt. Aus diesem Grund möchte ich in diesem letzten Abschnitt der Frage nachgehen, wer dieser Jesus eigentlich war – und was ihn so besonders macht.

Jesus war der Sohn einer einfachen jüdischen Frau, welche mit ihrem Mann in Nazareth im Norden Israels wohnte. Bei seiner Geburt wurde er in einen Futtertrog gelegt. Nie besuchte er eine Hochschule, nie schrieb er ein Buch. Er arbeitete bis zum dreißigsten Lebensjahr als Zimmermann, bevor er predigend durch sein Heimatland zog – nie überschritt er die Grenzen Israels. Jesus hatte keine Ehefrau, kein eigenes Haus; sein einziger Besitz war seine Kleidung. Die nächsten drei Jahre predigte er vor vielen Menschen und vollbrachte Wunder. Mit nur 33 Jahren wurde er brutal gekreuzigt – die schrecklichste Form der Hinrichtung, welche die Römer kannten. Was war an diesem Jesus das Besondere?

Seine Gottheit

Kein Religionsführer – ob Mohammed, Buddha, Konfuzius oder andere – hat je behauptet, Gott zu sein. Dieser Anspruch von Jesus Christus macht ihn so einzigartig. Er war nicht ein Mensch, der irgendwann eine Erleuchtung Gottes bekam, sondern er ist der Sohn Gottes, der Mensch wurde. Als er in seiner Gerichtsverhandlung gefragt wurde, ob er der Sohn Gottes sei, antwortete Jesus nur: *„Ich bin es"* (Markus 14,62). Viele Menschen sehen in Jesus Christus einen großen Lehrer mit großer Moral – doch das ist zu wenig. Der Herr Jesus selbst stellt sich als der einzige Weg zu Gott vor und als jemand, der Sünden vergeben kann. Niemand außer Gott selbst kann dies tun. Jesus war darüber hinaus der einzige Mensch, der auf dieser Erde gelebt hat, ohne eine einzige Sünde zu tun. Er hat nie gelogen, nie betrogen, hatte nie böse Gedanken. Er war perfekt. Er ist Gott.

Damit die Menschen glauben konnten, dass dies stimmt, bewies er diesen Anspruch mit seiner unerklärlichen Fähigkeit, Wunder zu tun. Das waren oft Ereignisse, die naturwissenschaftliche Gesetzmäßigkeiten außer Kraft setzten. So berichtet die Bibel davon, dass Jesus ...

◎ ... Gelähmte befähigte, zu gehen (Markus 2,1-12),

◎ ... Blinden das Augenlicht wiedergab (Johannes 9,1-7),

◎ ... Tote zum Leben erweckte (Johannes 11,38-44),

◎ ... Wasser in Wein verwandelte (Johannes 2,6-11),

◎ ... Tausende Menschen mit fünf Broten und zwei Fischen satt machte (Matthäus 14,14-21),

◎ ... einen Sturm stillte (Markus 4,37-41)

◎ ... und noch viele weitere Wunder tat.

Kein Mensch wirkte jemals eine solche Fülle von Wundern wie Jesus Christus. Nur Gott selbst ist dazu fähig. Einer der Beweise für solche Wunder ist die Tatsache, dass die Feinde von Jesus seine Wundertaten gar nicht erst leugneten – denn sie hatten sie ja mit eigenen Augen gesehen! Ihre Erklärung war, dass Jesus das in der Kraft des Teufels getan habe (Lukas 11,15). Sogar der römische Kaiser Julian Apostata glaubte als Atheist an die Wundertaten von Jesus: „Jesus [...] wird nun schon an die dreihundert Jahre gefeiert; doch hat er zu Lebzeiten nichts Ruhmwürdiges getan, es sei denn, man meint, es sei ein sehr großes Werk, in den Dörfern Bethsaida und Bethanien Lahme und Blinde zu heilen und Dämonen auszutreiben".*

Wenn sogar die Feinde von Jesus, sowohl Augenzeugen als auch später lebende, seine Wunder nicht anzweifelten – ist dies nicht ein klarer Hinweis, dass sie tatsächlich stattgefunden haben?

---

* Schaff, Philip (1913): The Person of Christ. New York: American Tract Society; zitiert in: McDowell, Josh (2002): Die Bibel im Test. Bielefeld: CLV. S. 190.

Seine Auferstehung

Nachdem Jesus am Kreuz gestorben war, wurde er von einem seiner Jünger in ein Grab gelegt. Nach nur drei Tagen ist er auferstanden. Sein Grab war leer! Dieses größte Wunder der Menschheitsgeschichte wurde übrigens bereits viele Jahrunderte zuvor in der Bibel vorhergesagt (Psalm 16,10). Seine leibhaftige Auferstehung von den Toten unterscheidet Jesus von jedem Religionsführer – sie alle sind gestorben und im Grab geblieben. Jesus Christus ist als Einziger auferstanden und zurück in den Himmel gefahren.

Deshalb ist es nicht verwunderlich, dass gerade seine Auferstehung gern und oft kritisiert und als Mythos abgestempelt wird. Aber ist sie tatsächlich so unrealistisch?

Im Folgenden werden einige hochdekorierte Wissenschaftler zitiert, die die Frage objektiv untersucht haben, ob Jesus von den Toten auferstanden ist:

◎ William Lane Craig (geb. 1949), Professor für Philosophie aus Kalifornien, schreibt: „Wenn man ... die regulären Maßstäbe der historischen Bewertung [anlegt], ist die beste Erklärung für die vorhandenen Fakten, dass Gott Jesus von den Toten auferweckt hat."*

◎ Simon Greenleaf (1783–1853), ein berühmter Rechtsexperte und Juraprofessor in Harvard, schlussfolgerte nach seinen juristischen Untersuchungen, dass die Auferstehung von Jesus zu den am besten bezeugten Ereignissen der Geschichte gehört. Sogar unter Anwendung der juristischen Beweisführung, wie sie vor Gerichten verwendet wird, kam er zu dieser Erkenntnis.

◎ Der Diplomat und Anwalt Sir Lionel Luckhoo (1914–1997), bekannt für seine 245 aufeinanderfolgenden Freisprüche in Mordfällen, urteilte: „Ich sage ganz klar, dass die Beweise für die Auferstehung Jesu Christi so überwältigend sind, dass sie absolut keinen Raum für Zweifel lassen."**

Die Auferstehung hat tatsächlich stattgefunden! Und dennoch wird wohl kein anderes Ereignis in der Geschichte derart angezweifelt – oder hast du schon einmal gehört, dass die Französische Revolution oder die Gallischen Kriege von Cäsar ebenfalls geleugnet werden?

Dabei berichtet die Bibel sogar einmal von einer Situation, in der Jesus Christus 500 Menschen gleichzeitig begegnet. So viele Augenzeugen würden vor Gericht locker ausreichen, um ein vermutliches Gerücht als wahr zu bestätigen.

---

* Williame Lane Craig: „Jesus: The Search Continues". Video

** Sir Lionel Luckhoo, zitiert in: Lee Strobel: Der Fall Jesus. S. 29

Interessant in diesem Zusammenhang ist, was der römische Geschichtsschreiber Flavius Josephus (37-100 n. Chr.), der kein Anhänger des Christentums war, über Jesus schrieb: „Und obgleich ihn [der Richter] Pilatus auf Betreiben der Vornehmsten unseres Volkes zum Kreuzestod verurteilte, wurden doch seine früheren Anhänger ihm nicht untreu. Denn er erschien ihnen am dritten Tage wieder lebend, wie gottgesagte Propheten dies und tausend andere wunderbare Dinge von ihm vorher angekündigt hatten."*

Zwei weitere Beweise für die Auferstehung

Jesus wurde von den Juden vor Gericht gebracht, weil er von sich behauptete, Gott zu sein. Hätte er dabei gelogen, hätte er später die einfache Möglichkeit gehabt, der grausamen Folterung und der Kreuzigung zu entgehen. Er hätte leugnen können, dass er von sich behauptet hatte, Gott zu sein. Dann wäre er freigesprochen worden. Die Tatsache, dass Jesus – im Angesicht der Todesstrafe – weiterhin seinen Anspruch aufrechterhielt, beweist Folgendes: Entweder er ist Gott oder er wäre nicht bei Sinnen gewesen. Auf keinen Fall war er einfach ein guter Lehrer, wie manche Leute heute

---

* Jüdische Altertümer, Bd. I, XVIII.3.3, übersetzt von Dr. Heinrich Clementz, Wiesbaden: Fourier Verlag, 8. Aufl. 1989, S. 515-516, zitiert in: Josh McDowell, Die Bibel im Test, Bielefeld, CLV: 2002, S. 133

glauben. Dass er tatsächlich Gott ist, beweist das, was danach geschah.

Die Jünger waren nach Jesu Tod ein Haufen ängstlicher Männer, die vor den Feinden von Jesus flohen, ihn aus Furcht sogar verleugneten und sich später vor lauter Panik in einem Haus einschlossen. Doch kurze Zeit später erzählten sie unerschrocken von ihrem Glauben und viele wurden für ihren Glauben hingerichtet. Wie kann eine solche Veränderung möglich sein, wenn sie Jesus Christus nicht wirklich lebendig gesehen hätten? Sie müssen ihm begegnet sein – der Beweis seiner Auferstehung gab ihnen die Kraft, für ihren Glauben zu sterben. Wenn ihnen bewusst gewesen wäre, dass sie an eine Lüge glauben, hätten sie wohl kaum einen grausamen Märtyrertod auf sich genommen. Wie viele Menschen sterben schon für eine Geschichte, von der sie wissen, dass sie nicht stimmt? Nein, es war keine Lüge oder Halluzination – Jesus ist tatsächlich aus den Toten auferstanden!

Somit hatte auch niemand den toten Körper von Jesus gestohlen, wie es die Bewacher des Grabes den Menschen weismachen sollten (Matthäus 28,11 ff.). Drei Gruppen kommen in Frage, den Körper gestohlen zu haben – doch bei keiner ergibt das Sinn:

1. Die römischen Soldaten

Da sie das Grab bewachten und zudem Interesse daran hatten, den Frieden in Palästina zu wahren, ist diese Variante unlogisch. Außerdem hätten sie aufgrund dieser vermeintlichen Unachtsamkeit mit dem Tod bestraft werden können.

2. Die jüdischen Gesetzeslehrer

Auch sie können den toten Körper unmöglich gestohlen haben. Das letzte, was sie wollten, war, dass jemand behauptete, dass Jesus auferstanden sei. Daher hätten sie spätestens, als dies geschah, den gestohlenen toten Körper gezeigt, wenn sie ihn gehabt hätten.

3. Die Jünger selbst

Zunächst einmal erscheint diese Möglichkeit unwahrscheinlich vor dem Hintergrund, dass einfache, verängstigte Männer eine Gruppe von kampferprobten und besonders instruierten römischen Soldaten hätten überwältigen müssen. Weiterhin liest man weder in der Bibel (noch in außerbiblischen Quellen) etwas darüber, dass die Jünger aufgrund der Beschuldigung des Diebstahls (ein ernstes Vergehen gegen die Obrigkeit) verhaftet worden wären. Zudem greift das Argument von vorher: Hätten die Jünger tatsächlich Kraft für einen Märtyrertod geschöpft in dem Bewusstsein, dass der tote Körper von Jesus an einem nur ihnen bekannten Ort verweste?

Dies kann nur eins bedeuten: Der Körper wurde nicht gestohlen. Das Grab war jedoch tatsächlich leer – Jesus ist auferstanden.

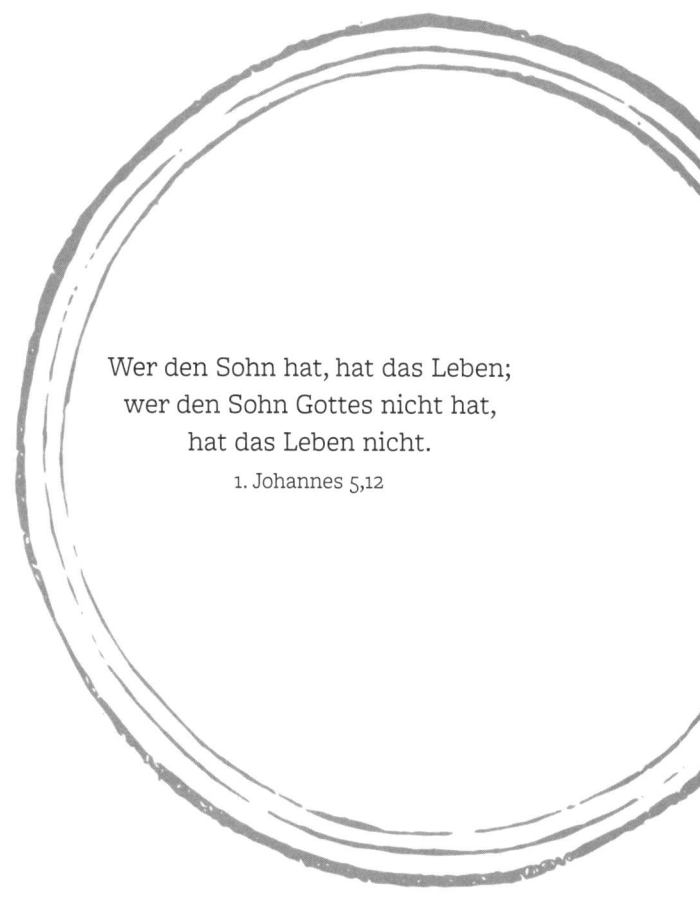

Wer den Sohn hat, hat das Leben;
wer den Sohn Gottes nicht hat,
hat das Leben nicht.

1. Johannes 5,12

„Der Teufel bietet mehr als dieser Jesus!"

Ich werde die Begegnung mit den schwarz gekleideten Satanisten wohl nie vergessen. Nachdem sie die Bibel abgelehnt hatten, verfluchten sie Gott auf schreckliche Art und Weise und bedrohten mich. Einer sagte: „Satan ist mein Gott!" Damit hatte er wohl auch recht. Bei meiner Antwort auf diese Aussage fauchte er nur und rang danach minutenlang mit sich, bevor er doch noch eine Bibel annahm. Was hatte ihn zum Nachdenken gebracht? Es war folgende Aussage: „Jesus hat den Satan am Kreuz besiegt, der Teufel hat verloren!"

Ich weiß nicht, wie du zum Teufel stehst. Mit großer Wahrscheinlichkeit betest du ihn nicht an wie die Satanisten. Aber vielleicht hast auch du den Einwand, dass der Teufel mehr bietet als Jesus. Ich machte die Erfahrung, dass in unserer Gesellschaft viele so denken. Sie stellen sich den Teufel als ein gehörntes Wesen vor, das in der Hölle regiert und den Menschen die ganzen schönen Versuchungen wie Alkohol, Drogen, Glücksspiel und Sex bietet. Klingt doch lohnenswert, oder?

Wer ist der Teufel wirklich?

Um herauszufinden, wer der Teufel ist, schauen wir uns an, was die Bibel über ihn sagt. Wie wir noch beim fünften Einwand („Hat Gott nicht selbst das Böse geschaffen?") genauer sehen werden, war Satan früher ein mächtiger Engel, der sich jedoch gegen Gott auflehnte und so sein wollte wie er (vgl. Hesekiel 28,15-19; Jesaja 14,12-14). Seitdem ist er der große Feind Gottes (vgl. Offenbarung 13,5), der die Menschen anstachelte, Jesus umzubringen (vgl. Lukas 22,53).

Ist Satan somit nur der Feind Gottes, dafür aber der Freund der Menschen? Das ist wohl einer der größten Irrtümer, dem viele unterliegen. Satan geht es im Gegenteil nur darum, den Menschen zu schaden. Der Herr Jesus selbst teilt uns mit, dass der Teufel ein *„Menschenmörder von Anfang an"* und *„ein Lügner und ihr Vater [d.h. der Vater der Lüge]"* ist (Johannes 8,44). Er ist nicht der, der den Menschen etwas Gutes tun will und ihnen deshalb all die schillernden Versuchungen anbietet – er will sie vielmehr leiden sehen! Eine besonders heimtückische Taktik von ihm: Er nimmt Leuten das Wort Gottes weg, das sie gerade gehört haben (vgl. Markus 4,15). Er will unbedingt verhindern, dass Menschen sich zu Jesus Christus bekehren. Die Bibel beschreibt, dass *„der Gott dieser Welt [der Teufel] den Sinn der Ungläubigen verblendet* hat ..., *damit ihnen nicht ausstrahle der Lichtglanz des Evangeliums der Herrlichkeit Gottes des Christus, der das Bild Gottes ist"* (2. *Korinther 4,4*). Dem Satan geht es darum, Menschen von Gott fernzuhalten. Er ist nicht an ihrem Wohlbefinden, sondern an ihrem Untergang interessiert. Kurz gesagt: Er möchte, dass sie in die Hölle kommen.

Jesus Christus ist es zu verdanken, dass dieser Plan, alle Menschen zu vernichten, gescheitert ist. Durch seinen Tod hat er dafür gesorgt, dass jeder, der glaubt, gerettet wird. Somit hat er den Plan des Teufels vereitelt. Jesus Christus ist nämlich auch deshalb gestorben, *„damit er durch den Tod den zunichtemachte, der die Macht des Todes hat, das ist den Teufel"* (*Hebräer 2,14*). Jesus hat Satan besiegt. Letztlich wird der Teufel diejenigen, die ihr Leben nicht Jesus Christus übergeben haben, mit sich in die Hölle reißen (Offenbarung 20,10.15). Alle anderen dürfen durch die Gnade Gottes gerettet sein!

Lebt der Teufel in der Hölle?

Moment mal – mit sich in die Hölle reißen? Ist die Hölle denn nicht der Ort, wo der Teufel wohnt und regiert?

Oh nein! Die Hölle ist auch für den Teufel der Ort, an dem er einmal für seine Sünden gerichtet werden wird: *„Und der Teufel, der sie verführte, wurde in den*

Feuer- und Schwefelsee geworfen ... und sie werden Tag und Nacht gepeinigt werden von Ewigkeit zu Ewigkeit" (Offenbarung 20,10). Die Hölle ist das Gefängnis des Teufels, nicht sein Reich! Kein Sünder wird dort von einem lachenden Teufel mit brennendem Dreizack und Skat-Karten erwartet.

Satan zu folgen, bedeutet, einem Wesen zu folgen, das einmal in der Hölle sein wird. Es bedeutet, einem Wesen zu folgen, das Menschen verführen und von Gott weghalten will. Es bedeutet, einem Wesen zu folgen, das sich bewusst ist, dass die Macht von Jesus Christus größer ist: *„... auch die Dämonen glauben und zittern"* (Jakobus 2,19). Der Teufel und seine Engel wissen, dass sie Jesus gehorchen müssen (vgl. Markus 1,27; 5,2-13).

Wem vertraust du?

Glaubst du daran, dass Jesus Christus stärker ist als der Teufel? Oder lässt du dich weiter von Satan belügen und verführen, indem er dir wahres Glück vorgaukelt? Es gelingt ihm tatsächlich, viele Menschen zu täuschen. Sie alle aber werden im Gericht Gottes einmal feststellen müssen: „Wir sind dem Falschen gefolgt!"

Noch bietet dir Jesus Christus, der Sieger von Golgatha, Rettung an. Als er durch seinen Tod den Teufel besiegte, befreite er alle, die an ihn glauben würden, aus dem Machtbereich des Teufels. Jeder, der an Jesus

Christus als seinen Retter glaubt, wird gerettet und darf eine ewige Zukunft im Himmel erwarten. Ist das nicht besser, als das schreckliche Schicksal des Teufels zu teilen? Zu wem möchtest du gehören? Zu Satan, dem besiegten Feind Gottes – oder zu Jesus Christus, dem Sieger von Golgatha? Du musst dich entscheiden!

Und Gott der HERR sprach zu der Schlange [Satan]: ... er [Jesus] wird dir den Kopf zermalmen. 1. Mose 3,14.15

Hierzu ist der Sohn Gottes offenbart worden, damit er die Werke des Teufels vernichte.
1. Johannes 3,8

Der Gott des Friedens aber wird in kurzem den Satan unter eure Füße zertreten. Römer 16,20

Gott aber sei Dank, der uns den Sieg gibt durch unseren Herrn Jesus Christus!
1. Korinther 15,57

**EINWÄNDE
ZUM THEMA
GOTT**

**„Ich glaube nicht, dass Gott ein strafender
Gott ist, wie immer wieder gesagt wird!"**

„Wir leben doch nicht mehr im Mittelalter! Gott ist
kein strenger und zorniger Gott, der alle Menschen
bestrafen will", höre ich viele Menschen sagen. Aber
stimmt das? Die Frage ist: Glauben diese Leute wirklich,
was sie sagen? Oder drückt ihre Frage nicht vielmehr
ein Wunschdenken aus?

Zwei junge Frauen, die genau diese Vorstellung
von Gott hatten, fragte ich daraufhin, wie wohl mein
Vorname sei. „Ich denke mal, Sebastian", sagte die
erste, woraufhin die zweite erwiderte: „Nein, ich denke,
du siehst aus wie ein Manuel." Beide lagen daneben.
Kein Wunder, sie konnten ja auch nur Vermutungen
anstellen.

Wer sind wir, dass wir meinen, festlegen zu können,
wer Gott ist? Ist er nicht der Einzige, der verbindlich
Auskunft über sich selbst geben kann? Er ist eben nicht
so, wie ich ihn mir vorstelle, und auch nicht so, wie du
ihn gern hättest. Das Wort „Gott" ist leider heute oft
nur noch wie ein leeres Blatt Papier, auf dem jeder nach
Belieben seine Wünsche über Gott aufschreibt. Für
die einen ist er nur eine weit entfernte höhere Macht,
für andere die Moral in uns. Wieder andere denken

dabei an einen gnädigen alten Mann mit Rauschebart, der uns alle so liebhat, dass er jede Sünde übersieht. Wenn du dir einen solchen Gott vorstellst, der dich so akzeptiert wie du bist – mit allen Sünden –, mag

Ist Gott so, wie du ihn dir wünschst – bloß, weil du ihn dir eben so vorstellst?

dich das sicher beruhigen. Natürlich, dein „persönlicher Gott" hat dann kein Problem mit dir. Aber so, wie die Vermutungen der Frauen über meinen Vornamen nicht zutrafen, wird auch dein selbst gestricktes Gottesbild nicht stimmig sein. Du läufst Gefahr, dass deine Vorstellung dich daran hindert, den wahren Gott kennenzulernen.

Ist Gott nur derjenige, der uns helfen soll – und mehr nicht?

Wie gesagt: Nach Ansicht vieler Menschen ist Gott nicht der Richter, der sie einmal bestrafen wird, sondern unser Finanzberater, Geldautomat, Glücksbringer und Arzt. Gottes Existenz wird zwar nicht bestritten, aber er ist nicht mehr derjenige, vor dem wir für unser Denken, Reden und Handeln verantwortlich sind. Er ist dann lediglich unser Therapeut, der dafür sorgt, dass es uns gut geht. Was wir tun und lassen, ist ihm angeblich letztlich egal. Dabei vergessen wir oft, dass Gott tatsächlich unser Leben auf der Erde registriert. Und es lässt ihn nicht kalt, wenn wir sündigen – es schmerzt ihn sogar (1. Mose 6,6)!

Viele stellen sich Gott als einen lieben Opa mit Bart vor, der uns nie zornig sein kann. Und dieser liebe Gott – meinen sie – werde sie schon irgendwie in den Himmel bringen, obwohl ihre Lebensführung der Bibel widerspricht. Aber ist diese Vorstellung nicht vielmehr eine Wunschlösung für Menschen, die ohne anklagendes Gewissen und Angst vor göttlicher Strafe leben wollen?

Warum entfalten die Menschen so gern ihre Fantasie, wenn es um Gott geht? Stell dir einmal einen Mann vor, der seine Ehefrau ständig mit einer anderen betrügt. Doch dann fliegt er auf, jeder weiß davon. Wird dieser Mann sich nun weiterhin mit den Freunden und Freundinnen der Ehefrau treffen? Bestimmt nicht, er würde sich dort nicht mehr wohlfühlen. Sein schlechtes Gewissen bringt ihn dazu, seinen Freundeskreis zu wechseln – er sucht sich Freunde, die sein Verhalten billigen.

Ist es bei denen, die sich ihre eigene Vorstellung von Gott machen, nicht ähnlich? „Ändern" sie nicht Gott zu einem Wesen, das ihr Verhalten billigt oder sogar gut findet? Bauen sie sich so nicht einen eigenen Gott, der ihnen möglichst bequem ist? Aber ihre eigene Vorstellung über Gott ändert nichts an der Realität.

Wer sagt dir vertrauenswürdig etwas über Gott?

Wenn du wissen willst, wie Gott wirklich ist, musst du ihn selbst fragen. So wie nur ich in dieser Situation den beiden Frauen meinen tatsächlichen Namen nennen konnte, ist auch Gott der Einzige, der uns die Wahrheit über sich mitteilen kann. Und das tut er in der Bibel – losgelöst von menschlichen Meinungen und Hoffnungen. Wenn du darin liest, wirst du ganz schnell feststellen, dass Gott niemals ein Gott sein wird, der unser böses Handeln rechtfertigt, uns Sex außerhalb der Ehe, Drogenkonsum, überhöhte Geschwindigkeit und Steuerhinterziehung erlaubt – *„Wir wissen aber, dass das Gericht Gottes nach der Wahrheit ist über die, die so etwas tun"* (Römer 2,2).

Es ist wahr: Gott stellt sich in der Bibel als Gott der Liebe vor (vgl. 1. Johannes 4,8). Er liebt dich sogar sehr. Das kannst du daran sehen, dass er seinen einzigen Sohn Jesus am Kreuz für dich geopfert hat, damit du gerettet werden kannst. Aber auf der anderen Seite erkennst du durch das Kreuz, an dem Jesus schrecklich leiden musste: Gott kann das Böse, das wir denken, sagen oder tun, nicht einfach gutheißen. Er muss es bestrafen, weil er vollkommen heilig und vollkommen gerecht ist.

Die Menschen, die sich ein eigenes Gottesbild machen, können Gottes Heiligkeit und seinen Anspruch auf ein sündloses Leben seiner Geschöpfe nicht wegfantasieren.

Sie bagatellisieren ihn zu einem harmlosen Wesen, das gern mal beide Augen zudrückt. Das hat fatale Folgen – denn spätestens dann, wenn sie nach dem Tod vor ihm stehen und feststellen, dass genau dieser Gott das Urteil „Schuldig!" verkündet, wird ihnen bewusst werden, wie sehr sie sich geirrt haben. Das wünsche ich keinem – auch dir nicht.

Gibt es denn überhaupt keine Hoffnung für uns schuldige Menschen? Doch, die gibt es! Ich habe ja schon erwähnt, dass Gott ein Gott der Liebe ist. Seiner unendlichen Liebe ist es zu verdanken, dass er seinen Sohn Jesus Christus am Kreuz für das bezahlen ließ, was wir verschuldet haben: *„Gott aber erweist seine Liebe zu uns darin, dass Christus, da wir noch Sünder waren, für uns gestorben ist"* (Römer 5,8). Damit hat Gott alles getan, was nötig ist, damit du Vergebung deiner Sünden bekommen kannst.

Folgendes Beispiel illustriert das: Ein britisches Mädchen wurde mit acht Jahren von einem Mann sexuell missbraucht und litt noch Jahre danach an den Folgen. Im Alter von 14 Jahren versuchte sie, ihn zu erstechen; ihr Peiniger, der für sein Verbrechen nie verurteilt worden war, wurde schwer verletzt. Der Richter aus dem englischen Bradford, Jonathan Durham Hall, sah die Angeklagte als schuldig an, da sie mit 14 bereits strafmündig war. Nach geltendem Recht hätte sie eine Geldstrafe bezahlen oder ins Gefängnis gehen müssen. Da der Richter nicht wollte, dass sie eine Gefängnisstrafe verbüßen musste, machte er folgendes Angebot: Sie würde freikommen – und er als Richter würde an ihrer Stelle die Geldstrafe bezahlen.*

Diese wahre Begebenheit macht zwei Dinge deutlich: Einerseits zeigt der Richter seine gerechte Seite, indem er die Schuld des Mädchens feststellt und eine Strafe festlegt. Andererseits offenbart er, was Gottes Liebe bedeutet: Jonathan Durham Hall wollte das Mädchen vor dem Gefängnis bewahren und bot deshalb an, aus eigener Tasche für ihr Verbrechen zu bezahlen.

Was Gott tat, geht weit darüber hinaus: Er muss eine Strafe für unsere Sünden aussprechen und kann sie niemals übergehen – gleichzeitig bezahlte er selbst dafür, indem er seinen eigenen Sohn für diese fremde Schuld sterben lässt. – Möchtest du dir einen anderen als diesen Gott der Liebe vorstellen?

Gott aber
erweist seine Liebe
zu uns darin, dass Christus,
da wir noch Sünder waren,
für uns gestorben ist. Römer 5,8

---

* The Telegraph (Hg.): Teenager spared jail für revenge attack aginst paedophile. 19.04.2016. https://www.telegraph.co.uk/news/2016/04/19/teenager-spared-jail-for-revenge-attack-against-paedophile (Zugriff: 18.09.2018)

„Hat Gott nicht selbst das Böse erschaffen?"

Wer kennt nicht die Apple-Software Siri, „die Frau im iPhone", die dir antwortet, wenn du sie fragst, wo das nächste Restaurant ist? Stell dir vor, sie sagt dir auf einmal: „Ich liebe dich!" Fändest du das schön?

Stell dir weiter vor, ein Roboter setzt sich neben dich, legt seinen Arm um deine Schulter und sagt: „Du gefällst mir!" Wärst du dann gerührt? Ich denke, du kannst dir leicht ausmalen, wie verlegen du in dieser Situation wärst. Die netten Äußerungen von Siri und dem Roboter würden keine Glücksgefühle bei dir hervorrufen. Denn du wüsstest genau: „Die Software ist nur programmiert, sie muss das einfach sagen." Und deshalb könntest du das Liebesgeständnis nicht ernst nehmen.

Diese Beispiele sind hilfreich, wenn es um die Frage geht, ob Gott nicht das Böse erschaffen hat. Die Bibel sagt, dass Gott Menschen sucht, die ihn anbeten (Johannes 4,23). Oder anders gesagt: Gott sucht keine Roboter, die ihm nur deshalb Ehre bringen, weil sie so programmiert sind, sondern Menschen, die ihm von Herzen danken und die ihn wiederlieben, weil sie es *wollen*.

Gott schuf den Menschen mit eigenem Willen

Das ist der Grund, warum Gott dem Menschen einen eigenen Willen gegeben hat. Er gestand uns das Recht zu, eigenständig Entscheidungen zu treffen. Wenn Gott möchte, dass der Mensch sich freiwillig für ihn entscheidet, akzeptiert er auch die Entscheidungsfreiheit seiner Geschöpfe, wenn sie ihn ablehnen. Der Mensch kann „Nein" zu den guten Geboten Gottes sagen und lieber das Schlechte wählen.

Und genau das haben die ersten Menschen, Adam und Eva, getan – leider! Weil sie dem Drang des Bösen nicht standhalten konnten, übertraten sie das einzige Gebot, das Gott ihnen gegeben hatte. So kam die Sünde in die Welt – und ihre schrecklichen Begleiterscheinungen wie Neid, Stolz, Egoismus und Habgier. Und noch viel schlimmer: Mit der Sünde kam der Tod. Der Tod bleibt bis heute eine furchtbare Realität, auch wenn der Mensch alles daransetzt, nicht zu sterben. Aber es bleibt bestehen: Jeder Mensch muss einmal sterben. Und warum? Weil er als Nachkomme Adams ein Sünder ist. Die Bibel erläutert das im Brief des Paulus an die Christen in Rom: *„Darum, so wie durch einen Menschen [Adam] die Sünde in die Welt gekommen ist und durch die Sünde der Tod und so der Tod zu allen Menschen durchgedrungen ist, weil sie alle gesündigt haben"* (Römer 5,12).

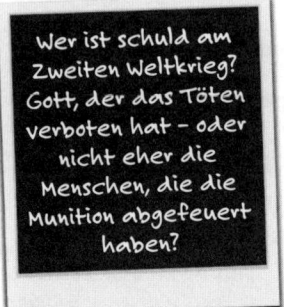

Wer ist schuld am Zweiten Weltkrieg? Gott, der das Töten verboten hat – oder nicht eher die Menschen, die die Munition abgefeuert haben?

Durch die Sünde hat der Mensch seine Freiheit gegen die innere Abkehr von Gott eingetauscht. Seitdem wurde aus der Liebe zur Wahrheit eine Offenheit für Unwahrheit und Lüge. Durch die Sünde kann der Mensch nicht mehr in glücklicher Gemeinschaft mit Gott leben – und er will es auch überhaupt nicht mehr, wie die Bibel mitteilt: *„... und ihr wollt nicht zu mir kommen, damit ihr Leben habt"* (Johannes 5,40); *„... die Menschen haben die Finsternis mehr geliebt als das Licht, denn ihre Werke waren böse"* (Johannes 3,19); *„... die Gesinnung des Fleisches [ist] Feindschaft gegen Gott"* (Römer 8,7); *„... jetzt aber haben sie gesehen und doch gehasst sowohl mich als auch meinen Vater"* (Johannes 15,24).

Das macht deutlich: Nicht Gott ist schuld an dem Bösen in dieser Welt, sondern der Mensch ist es, der sich entscheidet, böse zu sein. Welches Recht haben wir, Gott der Erschaffung des Bösen zu beschuldigen, wenn wir uns gegen Gott entscheiden?

Ist Gott der Ursprung des Bösen?

Gott sagt von sich selbst in der Bibel, dass er *„vollkommen"* ist (Matthäus 5,48). Nichts Böses ist in ihm.

Deshalb ist es absolut unmöglich, dass er das Böse geschaffen haben könnte. Die Bibel berichtet uns von der wohl ersten Sünde, die jemals getan wurde – dem Fall Satans (des Teufels), des Engels Gottes, der sich bewusst gegen Gott entschieden hatte und sündigte (vgl. Hesekiel 28,15-19; Jesaja 14,13.14). Satan war es dann auch, der Adam und Eva zur Sünde verführte. Er versprach ihnen das Blaue vom Himmel – die Menschen fielen darauf herein und sündigten. So kam das Böse überhaupt erst in die Welt. Von diesem Tag an ist die Sünde in jedem einzelnen Menschen, seitdem kann kein Mensch mehr ohne Sünde leben (Römer 5,12). Sowohl Satan als auch die Menschen wurden nicht als böse Wesen geschaffen, sondern beide missbrauchten ihren freien Willen dazu, sich gegen Gott als Autorität aufzulehnen und gegen ihn zu sündigen. Das Böse kam also nicht durch Gott in die Welt, sondern durch unsere Vorfahren, die sich bewusst gegen ihn entschieden haben.

Gott sagt beispielsweise in den Zehn Geboten: *„Du sollst nicht töten!"* (2. Mose 20,13). Wer ist nun schuld an den Terroranschlägen von 9/11 und dem Konzentrationslager in Auschwitz? Derjenige, der diese Grausamkeiten verboten hat, oder der, der sich dafür entschieden hat, nicht auf Gott zu hören und stattdessen böse zu handeln? Es steht dem Menschen nicht zu, Gott für das verantwortlich zu machen, was er selbst verbrochen hat.

Wollen wir Gott unsere Fehler zuschieben?

Warum stellen wir die Frage, ob Gott das Böse geschaffen hat? Hat das vielleicht mit einer eigenartigen Tendenz zu tun, die wir häufig an uns beobachten können, wenn wir gesündigt haben? Es war immer der andere, nicht wahr? „Der andere hat angefangen", dieser Satz fällt bei Kindern sehr häufig. Wir wollen immer so schnell wie möglich die Verantwortung und damit auch die Schuld von uns wegschieben. Als Gott Adam nach dem Sündenfall zur Rechenschaft ziehen wollte, sagte er: *„Die Frau, die du mir beigegeben hast, sie gab mir von dem Baum, und ich aß"* (1. Mose 3,12). Eva wiederum schob die Schuld ebenfalls weiter: *„Die Schlange [der Teufel] betrog mich, und ich aß"*(1. Mose 3,13) .

Wenn wir die Frage nach dem Ursprung des Bösen stellen und Gott auf die Anklagebank setzen, handeln wir nicht besser als die ersten Menschen Adam und Eva. Interessant ist übrigens, dass Gott dieses „Schuld-Unterschieben" schon vor vielen Jahrhunderten vorhergesagt hat: *„Die Narrheit des Menschen verdirbt seinen Weg, und sein Herz grollt gegen den HERRN"* (Sprüche 19,3). Ich habe kein Recht, Gott die Verantwortung für mein Unglück zuzuschreiben, wenn mein Egoismus, meine Fehler sowie meine Unabhängigkeit von Gott dieses bewirkt haben.

Nein, nicht Gott hat gesündigt, sondern wir haben es getan. Wir haben uns entschieden, nicht auf Gott zu hören und nicht zu akzeptieren, dass er das Recht hat, uns Gebote zu erteilen. Wäre es nicht besser, uns einzugestehen, dass wir schuldig sind, statt Gott die Schuld zuzuschieben? Dieses Eingeständnis, dass wir schuldig vor Gott sind, ist nicht leicht – aber absolut nötig. Ich, Alexander, muss erkennen, dass ich schuldig bin. Und du musst erkennen, dass du schuldig bist.

Dann kann Gott mich von meiner Schuld befreien und dich von deiner. Warum? Weil Jesus Christus für mich und dich am Kreuz gestorben ist. Deshalb: Bekenne deine Sünden vor Gott und bitte ihn um Vergebung! Setze dein Vertrauen auf Jesus Christus. Ich wünsche dir, dass du nicht bei Gott die Schuld suchst, sondern erkennst, dass du – genau wie ich – gegen Gott gesündigt hast. Gott will dir so gern vergeben, aber er tut das nur, wenn du deine Schuld einsiehst und bekennst. Er wartet auf dich.

Sei mir gnädig, O Gott, nach deiner Güte! ...
Wasche mich völlig von meiner Ungerechtigkeit,
und reinige mich von meiner Sünde.
Denn ich kenne meine Übertretungen,
und meine Sünde ist beständig vor mir.
Gegen dich, gegen ich allein habe ich gesündigt,
und ich habe getan, was böse ist in deinen
Augen. ... Verbirg dein Angesicht vor meinen
Sünden, und tilge alle meine Ungerechtigkeiten.
... Errette mich von Blutschuld, Gott, du Gott
meines Heils, so wird meine Zunge jubelnd
preisen deine Gerechtigkeit.

Psalm 51,3-6.11.16

6

„Wie kann ein guter Gott, der Menschen liebt, Leid zulassen?"

„Warum?" – Ich erinnere mich noch gut an ein Ehepaar, das ich spät abends in der Stadt ansprach, um ihnen eine Bibel zu schenken. Ohne zu zögern, lehnten die beiden ab und gaben mir zu verstehen, ich solle verschwinden. Ich verabschiedete mich mit den Worten „Gott liebt Sie!" und ging weiter. Plötzlich hörte ich, dass der Mann mir hinterherrief: „Den gibt es doch sowieso nicht!"

Ich ging zu ihnen zurück und das Paar eröffnete mir schweren Herzens, dass sie vor einiger Zeit ihr Kind verloren hatten, gestorben in jungen Jahren. Die Eltern quälte die Frage: „Wenn es wirklich einen Gott gibt, hätte er uns dieses Leid gewiss erspart. Warum gibt es Leid, wenn Gott uns doch angeblich liebt?"

Ein anderes Mal begegnete mir die gleiche Frage. Eine junge Frau erzählte mir, sie könne nicht mehr an Gott glauben, weil er nicht verhindert hatte, dass sie nur wenige Monate vor unserem Gespräch fast vergewaltigt worden war.

Warum Leid, Krieg, Zerstörung, Krankheit?

Die Frage nach dem „Warum?" von Leid ist wahrscheinlich die am häufigsten gestellte. Wie kann ein Gott der Liebe das Böse zulassen?

Vielleicht stellst auch du dir diese Frage. Du hörst von Hunderttausenden Kindern in Afrika, die jeden Tag hungern, von unfassbar grausamen Terroranschlägen, hast immer noch das Bild des dreijährigen Flüchtlings aus Syrien, Aylan Kurdi, vor Augen, der tot an einem türkischen Strand gefunden wurde. Du erfährst von Naturkatastrophen, Hurrikans, Erdbeben, die Tausende töten und Millionen zu Obdachlosen machen. Dann noch all die Gräueltaten des IS und anderer Terrorgruppen, deren Anhänger Frauen vergewaltigen, Kinder verschleppen, Männer töten und die gesamte Welt in Angst und Schrecken halten. Was ist mit Marcel H., dem jungen Deutschen, der 2017 aus Frust seinen neunjährigen Nachbarn auf bestialische Art und Weise mit 52 Messerstichen tötete und damit eine ganze Nation in einen Schockzustand versetzte? Mit den vielen Landminen in Kriegsgebieten, die die Beine spielender Kinder wegreißen? Mit den unmenschlichen Grausamkeiten in Nigeria und Burma?

Möglicherweise denkst du aber auch an persönliches Leid – eine unheilbare Krankheit, den Verlust eines lieben Angehörigen, die ungerechte Entlassung oder quälende Suche nach einem Arbeitsplatz, Finanznot, das seelische Tief nach einer beendeten Beziehung. Die ganze Welt ist voller Leid und Elend, Zerstörung und Mord. Das passt nicht zu einem Gott, der die Menschen liebt. Oder doch?

Können wir Gott überhaupt verstehen?

Zuallererst möchte ich klarstellen, dass ich die Frage, warum Gott all dieses Leid zugelassen hat, nicht zufriedenstellend beantworten kann. Dazu bin ich nicht in der Lage. Oder anders gesagt: Es wäre eine Anmaßung ohnegleichen, wenn ich mir das zutrauen würde. Nein, ich kann darauf keine endgültigen Antworten geben. Aber hoffentlich helfen dir die folgenden Denkanstöße doch etwas weiter bei dieser schwierigen Frage.

Wichtig scheint mir zunächst einmal, dass ich mir darüber im Klaren bin, dass Gott mir keine Antwort schuldig ist und dass ich sein Handeln nicht immer verstehen kann – sonst wäre er nicht Gott. Beeindruckend finde ich aber, wie ausführlich und konkret das Thema Leid in der Bibel behandelt wird. Das bekannteste Beispiel dürfte ein Mann mit Namen Hiob sein, der unvorstellbares Leid erfuhr: Er verlor auf einen Schlag seine zehn Kinder, seinen gesamten Besitz (sein Haus und seine riesigen Viehherden) und wurde zudem noch schwer krank. Und dennoch fragt er: *„Kannst du die Tiefe Gottes erreichen oder das Wesen des Allmächtigen ergründen?"* (Hiob 11,7). Ihm war klar: Ich bin nur ein Geschöpf und kann meinen Schöpfer nicht begreifen. Gott sagt: *„... meine Wege [sind] höher als eure Wege und meine Gedanken als eure Gedanken"* (Jesaja 55,9).

Weiter müssen wir uns bewusstmachen, warum viele Menschen sich diese Frage stellen. Geht es dabei wirklich darum, Gott zu verstehen, oder handelt es sich dabei nicht auch um eine Anklage gegen Gott? Sagen sie damit im Prinzip nicht: „Gott, wenn du dieses Leid verhindert hättest, dann würde ich an dich glauben!"?

Willst du, dass Gott dir hilft?

Viele Menschen, die die Warum-Frage äußern, stellen damit gleich zwei Charaktereigenschaften Gottes: seine Allmacht und seine Liebe. Sie sagen: „Wenn Gott allmächtig wäre, hätte er diese Katastrophe verhindern können."

Die Frage, die sich dabei stellt, ist jedoch: Warum sollte er? Gott ist kein Automat, der uns genau das gibt, was wir uns wünschen. Der uns nur dann bewahrt, wenn wir bewahrt werden möchten. Der nur dann eine Rolle spielt, wenn wir ihn brauchen. Und dem es egal ist, wenn wir ihn den Rest der Zeit ignorieren und links liegen lassen.

2001 wurde die US-Amerikanerin Anne Graham Lotz in einer Fernsehsendung mit der Frage konfrontiert, wie Gott den Terroranschlag vom 11. September in New York, bei dem etwa 3000 Menschen starben, zulassen konnte. Ihre

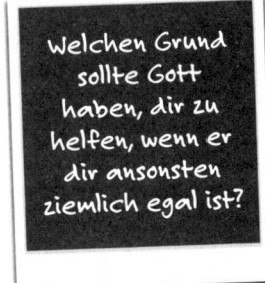

Welchen Grund sollte Gott haben, dir zu helfen, wenn er dir ansonsten ziemlich egal ist?

knallharte Antwort war: „Ich glaube, dass Gott zutiefst traurig darüber ist, genau wie wir. Aber jahrelang haben wir Gott gebeten, unsere Schulen zu verlassen, unsere Regierung zu verlassen und sogar unsere Leben zu verlassen. Gott hat sich dementsprechend leise zurückgezogen. Wie können wir erwarten, dass Gott uns nun segnet und beschützt, wenn wir ihn doch gebeten haben, uns in Ruhe zu lassen?"*

Gibt es tatsächlich diesen Zusammenhang? Es ist bemerkenswert, wie Gott an den Schulen „entfernt" wird:

◎ Highschool-Studenten aus Texas wurde verboten, für ihren Bibelkreis zu werben. Der Grund? Sie wollten nicht den Namen „Jesus" weglassen.**

◎ An einer Schule in den USA sollte in einem Dezember während einer Veranstaltung die Bedeutung von Kwanzaa [Fest von Afro-Amerikanern, Anm. d. A.]

---

* Vom Autor frei übersetzt. Im Original nachzulesen auf https://mtbethel. org/making-sense-tragedy/ (10.08.2018).
** Chuck Colson, „Facilitating Faith", BreakPoint, 08.02.1995.

sowie Feiertagsbräuchen des Buddhismus, des Islam und des jüdischen Chanukka vorgestellt werden. Später wurde das Event jedoch verboten. Der Grund? Christliche Eltern wollten über den Hintergrund von Weihnachten berichten.*

◎ Einer Lehrerin einer Berliner Schule wurde verboten, eine Halskette zu tragen. Der Grund? Sie zeigte ein Kreuz, was für Schulleitung und Schüler wohl zu provokant war.**

Was sind nun die Hauptprobleme, mit denen die Schulen heute zu kämpfen haben?

◎ Amokläufe (in Deutschland seit 2000 11 Gewaltexzesse mit 33 Toten und 59 Verletzten, in den USA im selben Zeitraum 37 Gewaltexzesse mit 81 Toten und 91 Verletzten)

◎ Mobbing, was zu schweren psychischen Schäden und sogar zum Suizid führt (siehe den Fall Amanda Todd)

◎ Ungewollte Schwangerschaften bei Schülerinnen (oft nach Klassenfahrten)

◎ Drogen- und Alkoholkonsum

◎ Sexuelle Gewalt und Missbrauch

---

* Brannon Howse, „The People and Agenda", S. 1.
** https://www.berliner-zeitung.de/berlin/weddinglehrerin-darf-kein-kreuz-um-den-hals-tragen-26692132 (10.08.18)

Auch wenn sich ein unmittelbarer Zusammenhang statistisch nicht belegen lässt, ist doch eins sicher: Wenn eine Gesellschaft Gott keinen Raum gibt, führt das zu bitteren Konsequenzen – die man dann jedoch selbst zu verantworten hat.

Wenn wir uns gegen Gott und seine guten Gebote entscheiden, dürfen wir uns nicht wundern, dass Leid unser Leben bestimmt.

Die Bibel sagt dazu: *„Gott lässt sich nicht spotten! Denn was irgend ein Mensch sät, das wird er auch ernten"* (Galater 6,7). Der Mensch sät den Wunsch, ein Leben ohne Gott zu führen – und erntet dafür auch ein Leben ohne Gott. Die Folge davon ist Leid.

Auch Menschen, die ein Leben mit Gott führen, können großes Leid erfahren. Die Bibel berichtet von manchen, darunter Hiob. Deshalb wäre es vollkommen falsch, eine Person, die leidet, persönlich für dieses Leid verantwortlich zu machen. Wenn du leidest, muss dies nicht eine unmittelbare Folge einer Sünde sein; vielmehr ist so viel Leid in dieser Welt vorhanden, weil die Welt voller Sünde ist, sodass du deshalb leider auch betroffen bist.

Aber zurück zur Auseinandersetzung mit der Frage: Warum lässt Gott so viel Leid zu? Wenn wir denjenigen aus unserem Leben entfernen, der gesagt hat: *„Du sollst nicht töten!"* (2. Mose 20,13), dürfen wir uns nicht wundern, wenn die Nachrichten voll von Mord und Totschlag sind. In diesem Sinn ist die Existenz von Leid kein Beweis gegen Gott.

Folgendes Beispiel kann das illustrieren: Nehmen wir einmal an, du hättest zwei kleine Söhne. Nun befiehlst du ihnen, nicht zu streiten. Schon nach zehn Minuten bekommst du einen heftigen Streit aus ihrem Zimmer mit. Würdest du jetzt an deiner Existenz als Vater zweifeln, nur weil die beiden zanken? Natürlich nicht! Zeigt der Streit der beiden nicht stattdessen, dass deine Söhne nicht auf dich hören? Genauso ist das viele Leid auf dieser Welt überhaupt kein Hinweis darauf, dass Gott nicht existiert, sondern vielmehr ein Beweis dafür, dass viele Menschen Gott zur Randfigur erklärt haben und seine Gebote gar nicht befolgen wollen. Insofern ist Leid immer eine logische Konsequenz der Entscheidung gegen ihn. Diese Entscheidung hat negative Konsequenzen, die wir Menschen tragen müssen: *„Eure Ungerechtigkeiten haben dies abgewendet und eure Sünden das Gute von euch abgehalten"* (Jeremia 5,25).

Ich hörte einmal von einem Friseur, der als Atheist bekannt war. Er brachte einem seiner Kunden, einem gläubigen Christen, genau diesen Einwand vor: „Gott existiert nicht, da es so viel Leid in dieser Welt gibt." Sein Gegenüber konnte zunächst nichts erwidern und verließ den Friseursalon. Nur wenige Minuten später kam er mit einem Obdachlosen im Schlepptau zurück, der langes, zotteliges, ungepflegtes Haar hatte. Der Kunde konfrontierte den Friseur mit der Aussage: „Es gibt keine Friseure. Wenn es sie geben würde, hätte dieser Mann schönere Haare."

„Das ist doch Unsinn", erwiderte der Atheist, „dieser Mann hätte nur einmal zu mir kommen sollen, dann hätte ich ihm doch die Haare geschnitten." So schnell begriff er, dass er mit dieser Aussage seinen Einwand selbst widerlegt hatte. Statt Gott Vorwürfe zu machen, sollten wir zu ihm kommen und ihn in unser Leben einladen!

Hat Gott keinen Sinn für Gerechtigkeit?

Ein weiteres Dilemma, das Gottes Gerechtigkeitssinn infrage stellt, macht vielen Menschen Schwierigkeiten: „Warum lässt Gott Despoten, Tyrannen, Vergewaltiger, Kinderschänder, Kriegstreiber und Attentäter gewähren, hat er denn kein Interesse an Gerechtigkeit?"

Die Bibel sagt uns, dass Gott ohne Zweifel das Böse richten und dem sündigen, leidvollen Treiben ein Ende setzen wird: „*... weil er einen Tag festgesetzt hat, an dem er den Erdkreis richten wird in Gerechtigkeit durch einen Mann, den er dazu bestimmt hat, und er hat allen den Beweis davon gegeben, indem er ihn aus den Toten auferweckt hat*" (Apostelgeschichte 17,31). Jeder Mensch wird einmal für seine bösen Taten gerecht gerichtet werden.

Dass Gott dieses Gericht noch hinauszögert, hat nur einen Grund: seine Gnade! Er möchte allen Menschen die Chance geben, ihn zu finden. Vielleicht kennst du den biblischen Bericht von der Arche, dem großen Schiff, in dem Noah und seine Familie das weltweite Gericht, die Sintflut, überlebt haben. Während der gesamten Bauzeit des Schiffes (wahrscheinlich 120 Jahre!) gab Gott den Menschen Zeit, zu ihm umzukehren: *„... als die Langmut Gottes harrte in den Tagen Noahs ..."* (1. Petrus 3,20).

Würde Gott heute gegen das Böse einschreiten, müsste er die sündigen Menschen, seiner Gerechtigkeit entsprechend, sofort gerecht bestrafen. Da Gott aber will, dass jeder gerettet wird (1. Timotheus 2,4), gibt er jedem Menschen mindestens zwei Chancen (Hiob 33,29.30). Bist du dankbar für Gottes Geduld, dass er *„langmütig [ist] euch gegenüber, da er nicht will, dass irgendwelche verloren gehen, sondern dass alle zur Buße kommen"* (2. Petrus 3,9)?

„Aber", sagst du jetzt vielleicht, „wenn Gott doch angeblich einen absoluten Gerechtigkeitssinn hat, warum sterben dann auch so viele unschuldige Menschen bei Naturkatastrophen und Kriegen? Könnte Gott nicht die bösen Menschen vernichten und die guten verschonen?"

In der Tat ist das ein nachvollziehbarer Einwand, wenn wir die unschuldigen Kinder sehen, die vergewaltigt und misshandelt werden, oder die vielen Menschen in Ländern der Dritten Welt, welche herzlos und grausam von Diktatoren und Tyrannen unterdrückt werden.

Diese Denkweise bringt jedoch ein großes Problem mit sich: Wo sollte Gott dann – deiner Meinung nach – die Grenze ziehen? Was ist gut und böse? Oder was ist gerade noch zu akzeptieren, um nicht bestraft zu werden? Was sollte noch durchgehen bei Gott? Sollte Gott nur den IS-Terroristen töten, der seine Feinde foltert und köpft, oder auch den „deutschen Gutbürger", der in seinen Gedanken schon oft seinen nervigen Chef umgebracht hat? Gottes Urteil über die Menschen lautet, dass es keinen unschuldigen und sündlosen Menschen gibt. Du und ich – wir alle sind schlecht und haben gegen Gott gesündigt: *„Da ist kein Gerechter, auch nicht einer; ... da ist keiner, der Gutes tut ... denn alle haben gesündigt"* (Römer 3,10.12.23). Gottes Maßstab zeigt, dass kein Mensch wirklich unschuldig ist. Wir sollten uns deshalb weniger fragen, warum so viele scheinbar unschuldige Menschen sterben, und Gott stattdessen dankbar sein, dass er uns am Leben lässt und uns Zeit gibt, zu ihm umzukehren. Wenn wir von Gott verlangen, bei schlimmen Tyrannen einzugreifen, müssten wir ihm auch das Recht zugestehen, jede Sünde zu richten – so klein sie in unseren Augen erscheinen mag. Doch Gott möchte jedem von uns eine Chance zur Umkehr geben.

Ist Gott wirklich Liebe?

Wenn Gott allmächtig ist – und das ist er – und Leid verhindern könnte, beweist dann nicht sein Zulassen von Leid, dass er gar kein Gott der Liebe ist?

Auch hier möchte ich dir ein Beispiel geben: Stell dir einmal vor, dir geht es blendend: Du hast einen tollen Job mit gutem Einkommen, besitzt ein teures Auto und ein schönes Haus, fährst zweimal im Jahr in den Urlaub, hast einen gut aussehenden Ehepartner und bist obendrein noch kerngesund. Würdest du dann auf die Idee kommen, Gott dafür zu danken? Oder würdest du nicht vielmehr alle diese Dinge dir selbst zuschreiben? Hast du heute Morgen Gott gedankt, dass du aufstehen konntest (wenn du dazu in der Lage bist)? Hast du ihm nach der letzten Autofahrt für seine Bewahrung im Straßenverkehr gedankt? Oder ist das alles für dich selbstverständlich? Dankst du Gott für all das Gute, das er dir täglich schenkt und ermöglicht? Ich muss selbstkritisch an mir feststellen, dass ich das allzu oft vergesse.

Wenn deine Selbstkritik ähnlich ausfällt, wirst du gleich hoffentlich ein wenig besser verstehen, warum Gott Leid zulässt. Hast du schon einmal darüber nachgedacht – und ich hoffe, du tust das in diesem Moment –, dass Gott uns mit Leid wachrütteln möchte, um uns zu sagen: „Ich bin auch noch da! Hör mir zu!"? Genau das sagt auch die Bibel: *„Wenn er sie [d. h. einige Menschen aus dem Volk Israel] tötete, dann fragten sie [d. h. die Übriggebliebenen aus dem Volk Israel] nach ihm und kehrten um und suchten Gott eifrig"* (Psalm 78,34).

> Gott lässt Leid zu, um uns wachzurütteln, um uns zu zeigen, dass wir ihn vergessen haben.

Ohne Leid würde wohl kaum jemand nach Gott fragen, erst unter leidvollen Umständen tun das viele Menschen wieder. Mit diesem Wachrütteln von Gott, das er wie ein großes Stopp-Schild in unserem Leben platziert, können wir uns wieder darauf besinnen, dass Gott der Herr über Leben und Tod ist und alles in der Hand hat. Nur so können wir erkennen, dass wir selbst unbedeutende Sünder sind, die ewige Trennung von Gott verdient haben. Nur dann ist es für uns möglich, durch Jesus Christus Vergebung unserer Sünden und ewiges Leben zu bekommen. Ist Leid unter diesem Gesichtspunkt nicht doch ein Ausdruck der Liebe Gottes? Ließe er die Menschen einfach so laufen, dann ließe er sie einfach ohne Warnung ins Verderben rennen. So jedoch stellt er sich uns noch einmal in den Weg. Vielleicht können wir in diesem Sinn verstehen, warum König Hiskia, der unheilbar krank wurde, ungefähr 700 v. Chr. sagte: *„Siehe, zum Heil [o. zur Errettung] wurde mir bitteres Leid"* (Jesaja 38,17).

Ich hoffe sehr, dass ich nicht gefühllos wirke, wenn ich dir sage: Ich bin froh, dass du dich mit der Frage nach dem Leid beschäftigst – denn das bedeutet, dass es Gott durch Leid, egal, in welcher Form, gelungen ist, deine Aufmerksamkeit zu gewinnen. Mein größter Wunsch ist, dass es dich dazu bringt, gerettet zu werden.

Hiob – durch Leid wachgerüttelt

Eine Person aus der Bibel, die ich bereits kurz erwähnt habe, ist ein Beispiel für dieses Wachrütteln Gottes. Hiob war eine Person, die viel Schlimmes erfahren hat – und das, obwohl er an Gott glaubte. Folgendes sagt Hiob im Rückblick darüber (Hiob 33,10.11): *„Siehe, er erfindet Feindseligkeiten gegen mich; er hält mich für seinen Feind. Er legt meine Füße in den Stock, beobachtet alle meine Pfade."*

Einer seiner Freunde antwortet ihm daraufhin: *„Dann öffnet er das Ohr der Menschen ..., dass er seine Seele zurückhalte von der Grube, und sein Leben vom Rennen ins Geschoss"* (Hiob 33,16-18).

Das bedeutet: Gott ließ hier das Leid zu, um Hiob vor der Grube zu retten.

Sein Freund fährt nun fort: *„Wenn es nun für ihn [für Hiob] einen Gesandten gibt ..., so wird er sich seiner erbarmen und sprechen: Erlöse ihn, dass er nicht in die Grube hinabfahre; ich habe eine Sühnung gefunden"* (Hiob 33,23.24).

Wenn wir die Geschichte Hiobs auf heute anwenden, können wir in diesem „Gesandten" einen deutlichen Hinweis auf Jesus Christus sehen, der sich über uns erbarmt, um uns vor dem Verlorensein zu retten. Und die Folge davon, wenn wir uns Gott nähern, ist die: *„Er wird zu Gott flehen, und er wird ihn wohlgefällig annehmen, und er wird sein Angesicht schauen mit Jauchzen ... Er wird vor den Menschen singen und sagen: Ich hatte gesündigt und die Geradheit verkehrt, und es wurde mir nicht vergolten; er hat meine Seele erlöst, dass sie nicht in die Grube fahre, und mein Leben erfreut sich des Lichts"* (Hiob 33,26-28).

Im Abgleich mit den Aussagen des Neuen Testaments bedeutet das: Gott vergibt uns und rettet uns vor dem ewigen Verlorensein, wenn wir unsere Schuld vor ihm bekennen und Jesus Christus als unseren persönlichen Retter annehmen.

Im Buch Hiob heißt es über Gottes Ansprache an den Menschen: *„Siehe, das alles tut Gott zwei-, dreimal mit dem Mann, um seine Seele abzuwenden von der Grube, dass sie erleuchtet werde vom Licht der Lebendigen"* (Hiob 33,29). Das bedeutet: Gott gibt jedem Menschen mehrere Chancen und warnt ihn eindringlich. Mindestens zwei- oder dreimal. Daher ist dieser Text, den du gerade liest, möglicherweise eine weitere Chance für dich, zu Gott umzukehren – vielleicht deine letzte?

Dass Gott Leid zulässt, ist sowohl eine Warnung an die Menschheit als auch an dich ganz persönlich. Deshalb dürfen wir tatsächlich Gottes Liebe darin sehen, dass er uns wachrüttelt, denn er will uns vor dem Verlorensein retten. Darum geht es ihm.

Leid auf Golgatha

Wenn dich die Frage „Warum lässt Gott Leid zu?" beschäftigt, solltest du auch unbedingt noch einen Blick nach Golgatha werfen. Auf diesem Hügel außerhalb Jerusalems fand vor fast 2000 Jahren das schrecklichste Verbrechen der Weltgeschichte statt. Der Sohn Gottes, Jesus Christus, *„ein Mann der Schmerzen und mit Leiden vertraut"* (Jesaja 53,3), wurde hier nach grausamer Folter mit Nägeln an ein Kreuz geschlagen, für Vergehen, die er nie begangen hatte. Moment mal – Sohn Gottes? Warum griff Gott dort nicht ein, warum ließ er all das Leid von Jesus zu?

Doch Gott hat es nicht nur akzeptiert, dass sein Sohn den Spott, die grausame Folter und die Kreuzigung von den Menschen, die ihm dies aus ihrem abgrundtiefen Hass und ihrer Boshaftigkeit heraus hinzufügten, erleiden musste. *Er selbst* ließ seinen Sohn unendlich viel mehr erleiden, als er ihn am Kreuz für die Sünden der Menschen bestrafte. Die Bibel sagt, dass er seinen eigenen Sohn nicht verschont (Römer 8,32), sondern ihn sehr hat leiden lassen (Jesaja 53,10). Und warum? Weil Gott dich und mich liebt und uns einen Weg eröffnen wollte, zu ihm zu kommen. Merkst du, dass das schreckliche Leid am Kreuz eigentlich ein deutlicher Beweis der Liebe Gottes ist?

Christen haben Hoffnung – auch im Leid

Wenn du persönlich an Gott glaubst, gibt es aber auch eine weitere Sichtweise auf Leid – eine hoffnungsvolle! Wenn du weißt, dass deine Sünden vergeben sind und du nach dem Tod bei Gott und Jesus Christus sein wirst, bekommt dein gesamtes Leben eine andere Ausrichtung. Wie sinnlos muss das Leben erscheinen, wenn jemand todkrank wird und nicht sicher weiß, wie es nach seinem Tod weitergeht? Christen dürfen dagegen sicher wissen, dass Jesus sie zu sich nimmt: *„Denn ich halte dafür, dass die Leiden der Jetztzeit nicht wert sind, verglichen zu werden mit der zukünftigen Herrlichkeit"* (Römer 8,18). Sie erfahren jetzt schon in ihrem Alltag, dass Gott der *„Vater der Erbarmungen und Gott allen Trostes ist"* (2. Korinther 1,4) und sie freuen sich auf eine Zeit, in der er *„jede Träne von ihren Augen abwischen [wird], und der Tod wird nicht mehr sein noch Trauer noch Geschrei noch Schmerz wird mehr sein"* (Offenbarung 21,4). Das ist wahre Hoffnung, die ohne echten Glauben an Gott nie erlebt werden kann. Kein Atheist kann auf dem Sterbebett so eine Hoffnung haben.

Die letzten Worte berühmter Männer drücken diese Hoffnungslosigkeit aus. So wird von dem Kommunisten Lenin berichtet, dass er in geistiger Umnachtung Stuhl- und Tischbeine umklammerte und sie um Vergebung seiner Sünden bat. Thomas Hobbes, ein englischer Philosoph und Agnostiker, sagte: „Ich stehe vor einem furchtbaren Sprung in die Finsternis."* Der Atheist David Hume rief aus: „Ich bin in den Flammen"* und die letzten Worte des französischen Philosophen und Atheisten Jean-Paul Sartre waren: „Ich bin gescheitert."*

Marcello Mastroianni, ein italienischer Schauspieler mit vielen Auszeichnungen, rief kurz vor seinem Krebstod aus: „Jede Verlängerung des Lebens würde mich trösten. Die Vorstellung, zu verschwinden, irritiert mich sehr, denn ich habe keinen Glauben, der mir helfen würde."*

---

* Alle Beispiele sind entnommen von:
  http://www.gottesbotschaft.de/?pg=2008 (Zugriff: 26.08.2018)

Oder jene achtzehn,
auf die der Turm in Siloam fiel und
sie tötete: Meint ihr, dass sie mehr als alle
Menschen, die in Jerusalem wohnen, schuldig
waren? Nein, sage ich euch, sondern wenn
ihr nicht Buße tut, werdet ihr alle ebenso
umkommen. Lukas 13,4

Habe ich etwa Gefallen am Tod des Gottlosen?,
spricht der HERR, Herr, nicht vielmehr daran,
dass er von seinen Wegen umkehre und lebe?

Hesekiel 18,23

„Ist Gott nicht ungerecht,
wenn er mich so heftig bestrafen will?"

Es ist wirklich interessant, wie viele Menschen erwarten, dass Gott die Ungerechtigkeit straft. Schon oft wurde ich danach gefragt, warum Gott nicht eingreift beziehungsweise eingegriffen hat, wenn Menschen wie der syrische Diktator Baschar-al Assad oder der IS-Anführer Abu Bakr al-Baghdadi unbehelligt töten, vernichten und zerstören können und konnten. Warum hat er nichts gegen frühere Diktatoren wie Hitler oder Stalin unternommen? Warum schreitet Gott bei so einer Ungerechtigkeit nicht ein? Warum tötet er nicht diese Monster, die so viele Menschen auf dem Gewissen haben? Diese Fragen bewegen viele – dich vielleicht auch? Sie alle empfinden es als ungerecht, dass diese Tyrannen einfach ihr Unwesen treiben und Menschenleben zerstören. Es scheint, als hätten wir sehr wohl ein Gefühl dafür, eine Art moralischen Kompass, dass solche Gräueltaten es verdienen, schwer bestraft zu werden. Wenn dich diese Frage ebenfalls bewegt, akzeptierst du damit, dass es gerecht ist, böse Taten zu bestrafen.

Hitler bestrafen „Ja" –
und die restlichen Menschen?

Doch warum erwarten wir einen Gott, der sich um Mörder, Vergewaltiger und Tyrannen kümmern, bei uns jedoch ein Auge zudrücken soll? Woher haben wir das Recht, zu entscheiden, bei welchen Sünden eine Bestrafung von Gott angemessen – ja, sogar gerecht – ist und bei welchen nicht? Die Bibel nennt uns Gottes Maßstab: *„Denn der Lohn der Sünde ist der Tod"* (Römer 6,23) – mit Tod ist hier nicht nur das Sterben unseres physischen Körpers, sondern der „zweite Tod" gemeint, die ewige Trennung von Gott (vgl. Offenbarung 20,14).

Gott macht in der Härte der Bestrafung durchaus Unterschiede, aber nicht darin, welche Sünden die gerechte Strafe der ewigen Trennung von Gott verdienen. In den Augen Gottes betrifft dieses Urteil jede Sünde – da spielt es letztlich keine Rolle, ob ich einmal eine Notlüge ausgesprochen habe oder ein Massenmörder bin.

Menschen machen gern einen Unterschied – sie erwarten, dass Gott schnell eingreift und Tyrannen vernichtet, bei „harmlosen" Gutbürgern jedoch ein Auge zudrückt. In Gottes Augen ist niemand harmlos. Das ist der Grund, warum in der Bibel gesagt wird: *„Ja, Herr, Gott, Allmächtiger, wahrhaftig und gerecht sind deine Gerichte"* (Offenbarung 16,7).

Der einzige Grund, warum Gott nicht immer sofort eingreift, ist ein Geschenk. Er schenkt jedem einzelnen Menschen Zeit und Chancen zur Umkehr. Aber irgendwann ist es zu spät. Dann wird Gott bei jedem eingreifen, der nicht an seinen Sohn Jesus Christus glaubt. Er wird sich als „der gerechte Richter" (2. Timotheus 4,8) zeigen, der jede Sünde strafen muss. Dieses Gericht wird nach dem Tod stattfinden: *„Und ebenso [ist] es den Menschen gesetzt, einmal zu sterben, danach aber das Gericht"* (Hebräer 9,27).

Ist die Hölle nicht zu hart?

Vielleicht sagst du jetzt: „Okay, ich akzeptiere, dass jede Sünde böse ist und bestraft werden muss. Aber warum denn gleich so hart mit der Hölle?" Wir haben bereits gesehen, dass nach Gottes Beurteilung der Sünde jedes Vergehen gegen ihn den Tod nach sich zieht und dass damit nicht nur der physische Tod, sondern die Bestrafung mit der ewigen Trennung von Gott gemeint ist (mehr dazu ab S. 127). Allein deshalb ist es Gott unmöglich, nach einer gewissen Zeit doch noch gnädig zu sein, denn die Sünde gegen ihn bleibt auch nach Millionen von Jahren noch bestehen. Somit ist auch das Fegefeuer, das übrigens nirgends in der Bibel erwähnt wird, nur eine menschliche Wunschvorstellung. Gott wird ewig bestrafen – und er hat das

Recht dazu: *„Der HERR ist gerecht, denn ich bin wider-spenstig gegen seinen Mund gewesen"* (Klagelieder 1,18).

Darüber hinaus vergessen wir oft, dass wir als Ge-schöpfe Gottes keinerlei Befugnis haben, Gottes Hand-lungen anzuzweifeln. Wenn er seine Gesetze und die Bestrafung festlegt, so müssen wir das akzeptieren.

Auch hier macht ein Beispiel schnell deutlich, dass wir kein Mitspracherecht haben. Angenommen, du stehst wegen irgendeines Geschehens vor Gericht und wirst verurteilt. Wird sich irgendein Richter der Welt breitschlagen lassen, einen Freispruch zu verkünden, bloß weil du die Strafe als zu hart empfindest? Oder werden die Strafgesetze geändert, damit du glimpflich davonkommst? Wird ein Vergewaltiger freigespro-chen, nur weil er bei der Urteilsverkündung in Tränen ausbricht?

Es wäre absolut ungerecht und ein Hohn für das Opfer, wenn der Täter einfach laufen gelassen würde, bloß weil das Urteil für ihn zu schrecklich klingt. So wird auch Gott die ewige Strafe nicht abmildern, nur weil wir sie als ungerecht empfinden. Sein Sohn Jesus Christus hat selbst am Kreuz die bittere Erfahrung gemacht, aufgrund der Sünde von Gott gerichtet zu werden: *„Mein Gott, mein Gott, warum hast du mich verlassen?"* (Markus 15,34). Ihn traf die ganze Strafe für *un-sere* Sünden, ohne die geringste Milderung. Wenn du jedoch Jesus Christus als Retter ablehnst, akzeptierst du Gottes gerechtes Urteil über dein sündiges Leben. Dann nimmst du es in Kauf, ewig von Gott getrennt zu sein.

Das wünsche ich dir nicht! Ich hoffe sehr, du empfindest etwas von Gottes gerechtem Handeln als Richter der Welt. Nur das wird dich dazu bringen, dir vor Gott einzugestehen, dass du, wie jeder andere, Gottes gerechte Strafe verdient hast. Und nur nach dieser Einsicht und Erkenntnis kann Gott dir deine Sünden vergeben.

Jesus starb als Gerechter für Ungerechte!

Gott kann dir nur deshalb vergeben, weil Jesus Christus, der einzige Gerechte, für unsere Sünden gestorben ist. Jesus war vollkommen unschuldig. Er tat nie eine Sünde, in ihm ist keine Sünde und er kannte die Sünde nicht (vgl. 1. Petrus 2,22 , 1. Johannes 3,5 und 2. Korinther 5,21).

Und dennoch starb er für die Lügen, Flüche, Diebstähle, Morde und Vergewaltigungen der Menschen. Das erscheint uns nach menschlichen Maßstäben äußerst ungerecht – und beweist aus diesem Grund die große Liebe Gottes: *„Gott aber erweist seine Liebe zu uns darin, dass Christus, da wir noch Sünder waren, für uns gestorben ist"* (Römer 5,8).

Denn es hat ja Christus
einmal für Sünden gelitten,
der Gerechte für die Ungerechten,
damit er uns zu Gott führe.

1. Petrus 3,18

8

„Gott ist doch ein lieber Gott und wird sicher bei mir ein Auge zudrücken!"

„Als ob Gott mich bestrafen würde, der ist doch ein lieber Gott. Der sieht das nicht so eng!" – Gerade noch hatte der junge Mann mir bestätigt, dass er wohl schon öfters gesündigt hat, nun antwortete er mit diesem Satz auf die Frage, wie Gott wohl mit seinen Sünden umgehen würde. Für ihn war das Problem schnell gelöst: Gott drückt ein Auge zu. Aber stimmt das?

Vielleicht denkst du dir auch, dass Gott es nicht so ernst nimmt mit den Sünden und einfach barmherzig darüber hinwegsieht. Wenn Gott die Sünden jedoch wirklich ernst nimmt, würde das für jeden, der Gottes Geschenk der Erlösung nicht annimmt, die gerechte Strafe und damit die ewige Trennung von Gott bedeuten. Aus diesem Grund ist es verständlich, dass viele hoffen, Gott sei ein „Schwamm-drüber-Gott".

Die Bibel sagt etwas ganz anderes. Gott kann niemals über Sünden hinwegsehen: *„Der HERR ist langsam zum Zorn und groß an Güte, der Ungerechtigkeit und Übertretung vergibt – aber keineswegs hält er für schuldlos den Schuldigen"* (4. Mose 14,18). Gott kann bei Schuld kein Auge zudrücken. Das Urteil „schuldig" bleibt bestehen!

Welcher Richter sieht über
Verbrechen hinweg?

Das „Schwamm-drüber-Prinzip" ist ja sogar in unserer Gesellschaft vollkommen unmöglich. Kann ich ein Verbrechen begehen und darauf hoffen, der Richter würde darüber hinwegsehen? Kann ich einen Kredit bei einer Bank aufnehmen und darauf hoffen, ohne Tilgung davonzukommen? Wenn ich beim Autofahren geblitzt werde, erhalte ich dann ein Schreiben vom Straßenverkehrsamt, dass das Knöllchen nun aus lauter Nächstenliebe nicht mehr zu bezahlen ist? Sicher nicht!

Warum dann bei Gott? Es ist nur eine leere Hoffnung, dass Gott über unsere Sünden hinwegsieht. Wenn du diese Hoffnung hast – möchtest du dann vielleicht nur weiter sündigen können? Erhoffst du dir einen Freifahrtschein, dein Leben wie bisher weiterzuleben?

Ich weiß nicht, ob du schon einmal bewusst darüber nachgedacht hast, wie Gottes Reaktion auf unsere Sünden ist. Über ihn wird in der Bibel gesagt: *„Denn nicht ein Gott bist du, der an Gottlosigkeit Gefallen hat; bei dir wird das Böse nicht weilen. Nicht werden die Übermütigen bestehen vor deinen Augen; du hasst alle, die Frevel tun"* (Psalm 5,5.6).

Viele Menschen denken „Gott ist doch ein lieber Gott, also kann er nicht hassen, das passt nicht zu ihm."

Dabei vergessen sie jedoch, dass er heilig, also immer nur gut und absolut perfekt, ist und deshalb das Böse hassen muss. Dabei ist mit dem Begriff „hassen" nicht eine emotionale, unkontrollierte Wut (wie ein menschlicher Affekt), gemeint, sondern ein gerechter Zorn.

Wenn Gott das Gute liebt, muss er das Böse hassen. So wie der Staat jedes Verbrechen gegen seine Gesetze „hasst", handelt auch Gott. Sein Anspruch ist der, dass jeder Mensch ihm gehorcht – jeder Verstoß ist deshalb ein Schlag in Gottes Angesicht und „betrübt" ihn (Jesaja 63,10). „*Aber du hast mir zu schaffen gemacht mit deinen Sünden, du hast mich ermüdet mit deinen Ungerechtigkeiten*" (Jesaja 43,24). Sein Zorn ist dabei nicht übertrieben oder gar unfair, er ist gerecht. Er ist die logische Folge davon, dass man gegen Gott gesündigt hat.

Und dieser Zorn ist der Grund dafür, dass Gott niemals „Schwamm drüber!" sagen kann. Denn das wäre so, als würde er sagen: „Nicht schlimm, dass du gegen mich gesündigt hast. Vergessen wir das!" Spürst du, dass du nicht darauf hoffen kannst, dass Gott es mit der Sünde nicht so ernst nehmen wird? Was würde es für einen Aufschrei in der Gesellschaft geben, wenn

> Hast du schon einmal von einem Mörder gehört, bei dessen Verhandlung der Richter sagt: „Ach, Schwamm drüber!"? Nein? Warum sollte Gott das dann tun?

ein Massenmörder ganz plötzlich freigesprochen würde, obwohl die Beweislage erdrückend ist. Warum erwarten wir für andere eine faire Bestrafung – während Gott bei uns selbst die Augen zudrücken soll?

Welche Hoffnung gibt es dann noch?

Und doch gibt es eine Lösung, eine Hoffnung, für uns: *„Wer an den Sohn glaubt, hat ewiges Leben; wer aber dem Sohn nicht glaubt, wird das Leben nicht sehen, sondern der Zorn Gottes bleibt auf ihm"* (Johannes 3,36). Jesus Christus ist vor Gott getreten und hat *„unsere Sünden getragen"* (1. Petrus 2,24), er wurde von Gott für die Sünden derjenigen bestraft, die an ihn glauben. Ist es dir bewusst, dass du einen Richter vor dir hast, der seinen Zorn über seinen Sohn gebracht hat, um dir das Angebot machen zu können, dich zu erretten?

Du kannst und darfst nicht darauf hoffen, dass Gott bei deinen Sünden ein Auge zudrückt. Er muss die Sünde bestrafen. Wenn du jedoch akzeptierst, dass Jesus Christus für dich bestraft wurde, wirst du errettet werden. Auf einen „Schwamm-drüber-Gott" zu warten, ist äußerst riskant. Denn wenn einmal der Tag des Gerichts kommt, an dem Jesus Christus jeden Sünder richten wird, wird jeder sofort feststellen: Gott kann kein Auge zudrücken. Dann ist nur noch der schreckliche Ruf zu hören: *„... gekommen ist der große Tag seines Zorns, und* *wer vermag zu bestehen?"* (*Offenbarung 6,17*). Im Gericht Gottes kann niemand bestehen, der hofft, Gott würde ihn einfach laufen lassen. *„Es ist furchtbar, in die Hände des lebendigen Gottes zu fallen!"* (*Hebräer 10,31*).

Gott wird nicht über Sünden hinwegsehen, aber er kann und möchte dir vergeben – wenn du akzeptierst, dass du das Gericht Gottes verdient hast, und an Jesus Christus glaubst!

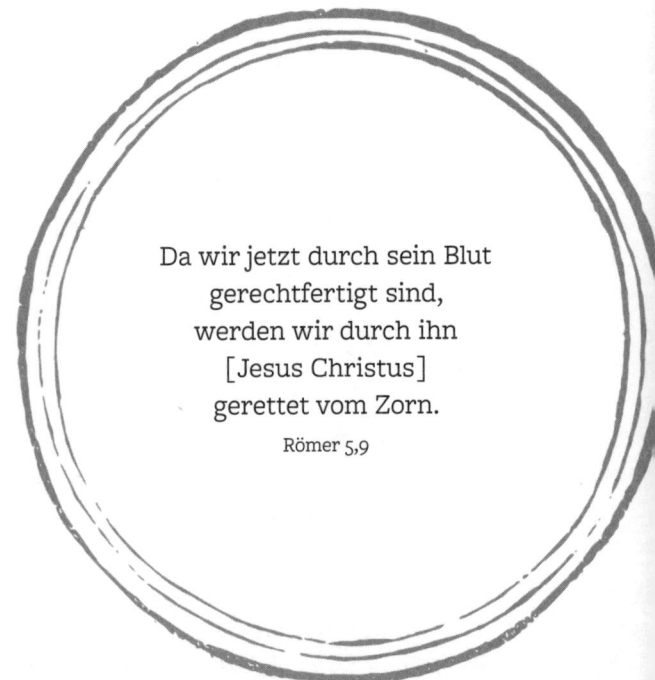

Da wir jetzt durch sein Blut
gerechtfertigt sind,
werden wir durch ihn
[Jesus Christus]
gerettet vom Zorn.

Römer 5,9

EINWÄNDE ZUM THEMA SCHULD

9

„Ich habe noch nie gesündigt!"

„Ich habe doch noch nie gesündigt!" Ich traute meinen Ohren nicht, als ich hörte, was mir die junge Frau gerade gesagt hatte. Noch nie gesündigt? Aber ich hatte richtig gehört: „Nein, ich habe noch nie etwas Böses getan."

Gehörst du möglicherweise auch zu denen, die das behaupten? Klar, die Medien berichten jeden Tag von Vergewaltigungen, Terroranschlägen, rassistischen Angriffen gegen Ausländer, Enthauptungen durch IS-Kämpfer, Amokläufen und vielem mehr. Das sind doch schlimme Sünden, da erscheinen wir im Vergleich als Unschuldslämmer. Aber sind wir das wirklich?

Gott als unser Schöpfer hat das Recht, zu bestimmen, wie wir uns als Geschöpfe zu verhalten haben. Die Bibel lehrt uns, dass wir in seinem Ebenbild geschaffen worden sind (vgl. 1. Mose 1,27) – was natürlich nicht bedeutet, dass wir ihm körperlich entsprechen, sondern dass wir seine Interessen wahrnehmen und ihm dienen sollen. Jede Handlung, die davon abweicht, nennt die Bibel „Sünde". Sollen wir einmal prüfen, ob es sein kann, dass diese junge Frau noch nie gesündigt hatte? Oder allgemeiner: Kann es sein, dass ein Mensch noch nie gesündigt hat?

Gottes Maßstab – die Zehn Gebote

Einen wichtigen Maßstab, den Gott uns gegeben hat und der zeigt, wie wir leben sollen, findest du in den Zehn Geboten. Sie enthalten eine Auflistung von Dingen, die Gott von seinen Geschöpfen erwartet. Wenn ich mein Leben damit abgleiche, stelle ich schnell fest: „Ich habe gesündigt – und nicht nur einmal, sondern oft!" Wenn du einmal ehrlich in dein Leben schaust und die Zehn Gebote damit vergleichst, wirst du sicher zum gleichen Ergebnis kommen. Ich sage dies nicht, weil ich dich kenne und weiß, wie du dein Leben lebst, sondern weil Gott in der Bibel sagt: *„Da ist kein Gerechter, auch nicht einer; da ist keiner, der verständig ist; da ist keiner, der Gott sucht. Alle sind abgewichen, sie sind allesamt untauglich geworden; da ist keiner, der Gutes tut, da ist auch nicht einer"* (Römer 3,10-12).

Die Zehn Gebote stehen in 2. Mose 20,1-17. Wir sehen sie uns nacheinander an. Dabei wird uns klar werden, wie Gott zu dem Urteil kommt, dass es keinen Menschen gibt, der noch nie gesündigt hat – weder ich noch du!

„Und Gott redete alle diese Worte und sprach:

... Du sollst keine anderen Götter haben neben mir.

Du sollst dir kein geschnitztes Bild machen noch irgendein Gleichnis dessen, was oben im Himmel und was unten auf der Erde und was im Wasser unter der Erde ist. ...

Du sollst den Namen des Herrn, deines Gottes, nicht zu Eitlem aussprechen; ...

Gedenke des Sabbattages, ihn zu heiligen. Sechs Tage sollst du arbeiten und all dein Werk tun; aber der siebte Tag ist Sabbat dem Herrn, deinem Gott ...

Ehre deinen Vater und deine Mutter ...

Du sollst nicht töten.

Du sollst nicht ehebrechen.

Du sollst nicht stehlen.

Du sollst kein falsches Zeugnis ablegen gegen deinen Nächsten.

Du sollst nicht begehren das Haus deines Nächsten; du sollst nicht begehren die Frau deines Nächsten noch seinen Knecht, noch seine Magd, noch sein Rind, noch seinen Esel, noch alles, was dein Nächster hat" (2. Mose 20,1-17).

1. Gebot: „Du sollst keine anderen Götter haben neben mir."

Dieses erste Gebot drückt Gottes Anspruch an uns aus, dass er allein unser Gott sein soll. Er verlangt von uns, ihn als unseren Schöpfer zu akzeptieren und zu ehren. Wenn wir dies nicht tun, sündigen wir. Betrachten wir einmal unser Leben – ich meins und du deins: Ehrst du Gott als den einen wahren Gott? Nicht nur als den „fernen Gott", der irgendwann einmal die Erde erschaffen hat, sondern als den, der dich gemacht hat und ein Anrecht darauf hat, dass du ihn ehrst? Das ist eine logische Reaktion von Geschöpfen ihrem allmächtigen Schöpfer gegenüber. Alles andere ist nicht nur unnormal und seltsam, sondern Sünde!

Hast du Gott jede Sekunde in deinem Leben diese Ehre gegeben? Gibt es etwas, das du mehr wertschätzt und liebst als ihn? Hast du immer akzeptiert, dass Gott Gehorsam von dir erwarten darf?

Oder gibt es vielleicht eine andere Sache in deinem Leben, die dein Gott ist? Wie sieht es mit Machthunger aus? Ruhmsucht? Vielleicht ist auch Sex dein Gott und du suchst Erfüllung darin? Die Karriere? Die Jagd nach Geld? Beherrscht eine Sache dein Leben so sehr, dass sie im Prinzip schon „dein Gott" ist? Wie ist das mit dem Eigenwillen? Bist du ein Mensch, der das Vergnügen mehr liebt als Gott (2. Timotheus 3,4)?

Viele ehren jedoch oft einen ganz besonderen Gott – sich selbst! Wenn wir den eigenen Willen über Gottes Willen stellen, dann ist das Götzendienst: *„… der Eigenwille [ist] wie Abgötterei und Götzendienst"* (1. Samuel 15,23). Kennst du diese Sünde?

2. Gebot: „Du sollst dir kein geschnitztes Bild machen noch irgendein Gleichnis dessen, was oben im Himmel und was unten auf der Erde und was im Wasser unter der Erde ist."

Uns allen sind Gemälde, Fotos, Videos oder Erzählungen von indianischen oder anderen exotischen, abgelegenen Volksstämmen bekannt, die eine Figur aus Holz, Bronze oder gar Gold anbeten und als Gott verehren. „Das habe ich doch nie gemacht!", wirst du vielleicht sagen. Und ich gebe dir recht, dass wir in unserer westlichen Gesellschaft selten Götzen dieser Art haben. Was hat uns also dieses Gebot zu sagen?

Vielleicht hast du keinen geschnitzten Gott. Aber wie sieht es aus mit Objekten, die du möglicherweise verehrst oder denen du magische Kräfte zusprichst? Vielleicht hast du einen Glücksbringer, den du immer mit dir herumträgst und der dich beschützen soll.

Immer mehr Menschen haben eine Buddha-Figur im Regal stehen. Weißt du, was daran so schlimm ist? Ein materielles Bild von Gott lenkt unseren Blick von dem wahren Gott weg und reduziert ihn auf das Objekt. Davon berichtet auch die Bibel. Nachdem Gott sein Volk Israel vor mehreren Tausenden Jahren aus dem Land Ägypten befreit hatte, führte er es durch die Wüste in die Richtung des Gebietes des heutigen Staates Israel. Auf dieser Reise wurden sie ungeduldig, weil sie Gott nicht sahen – und es dauerte nicht lange, bis sie sich selbst einen Gott bauten: Ein goldenes Kalb, hergestellt aus ihren eigenen goldenen Ringen. Mose beschreibt diese Szene so: „*Und das ganze Volk riss sich die goldenen Ringe ab, die in ihren Ohren waren, und sie* brachten sie zu Aaron. Und er nahm es aus ihrer Hand und bildete es mit einem Meißel und machte ein gegossenes Kalb daraus. Und sie sprachen: Das sind deine Götter, Israel, die dich aus dem Land Ägypten herausgeführt haben" (2. Mose 32,3.4). Plötzlich war der wahre Gott, der sie aus Ägypten befreit hatte, aus ihren Gedanken verschwunden. Nun war es das goldene Kalb, das sie gerettet hatte. Merkst du, wie wichtig dieses Gebot Gott ist? Er gebietet uns, kein geschnitztes Bild von ihm zu machen. Wenn so etwas bei dir der Fall ist, hast du gegen dieses Gebot verstoßen – und damit gesündigt.

3. Gebot: „Du sollst den Namen des HERRN, deines Gottes, nicht zu Eitlem aussprechen; denn der HERR wird den nicht für schuldlos halten [o. ungestraft lassen], der seinen Namen zu Eitlem ausspricht."

Es gibt wohl viele Menschen, die jeden Tag unbewusst gegen dieses Gebot verstoßen. Gerade einen kleinen Auffahrunfall gehabt, eine schlechte Note in der Klausur bekommen, geblitzt worden oder sonst ein dummes Missgeschick erlebt – und schon rutscht ein gedankenloses und leichtsinniges „Oh mein Gott" oder „OMG" über die Lippen. Das meint Gott, wenn er davor warnt, seinen Namen zu Eitlem auszusprechen.

Im Deutschen gibt es die Ausdrücke „Herrje" (Abkürzung von „Herr Jesus") sowie „igitt" (eine Abwandlung von „Oh Gott"). Das ist aus einem Gebet geworden – ein Ausdruck von Ekel!

Vielleicht benutzt du diese Ausdrücke nicht, aber du kennst möglicherweise doch Situationen, in denen du den Namen Gottes benutzt, ohne darüber nachzudenken, was du damit ausdrückst. Stell dir einmal vor, wie Gott es bewertet, wenn du völlig leichtfertig seinen Namen verwendest, um der eigenen Wut und Enttäuschung Luft zu machen. Was sagt das darüber aus, wie du über Gott denkst?

Wenn wir uns bewusst sind, wie oft wir gegen dieses Gebot verstoßen, könnten wir Angst bekommen angesichts der Warnung Gottes: *„Denn der HERR wird den nicht ungestraft lassen"*. Obwohl Gott jede Sünde einmal bestrafen wird, ist dieses Gebot das einzige, in dem er im selben Satz vor Strafe warnt. Gott kann es nicht dulden, dass wir seinen Namen missbrauchen, um negative Emotionen auszudrücken. Hast du seinen Namen schon einmal missbraucht?

4. Gebot: „Gedenke des Sabbattages, ihn zu heiligen. Sechs Tage sollst du arbeiten und all dein Werk tun; aber der siebte Tag ist Sabbat dem HERRN, deinem Gott."

Dieses Gebot unterscheidet sich etwas von den anderen. Während die anderen neun Gebote sittliche Forderungen waren, die auch jedes gut funktionierende Gewissen anerkennt (z.B. niemand berauben, Gott dienen), war dieses Gebot als Zeremonialgebot ein besonderer Prüfstein für den Gehorsam. Gott wollte damit prüfen: „Gehorcht ihr mir bedingungslos?" Insofern lässt sich dieses Gebot auch für heute im übertragenen Sinn anwenden. Sind Gottes Gebote so bindend für dich, dass du ihnen ohne Ausnahme (!) gehorchst?

5. Gebot: „Ehre deinen Vater und deine Mutter."

Jeder von uns kann sich noch gut an die Pubertät erinnern, in der wir oft von den Eltern genervt waren. Kennst du das, dass du dich irgendwann einmal so richtig über deine Eltern aufgeregt und sie vielleicht sogar angeschrien hast? Hast du schon einmal in Gedanken deine Eltern verflucht? Oder hast du als Kind immer und in jeder Situation brav getan, was sie verlangt haben?

Das ist es, was Gott in diesem Gebot fordert. Dabei nimmt er keine Rücksicht darauf, ob du in der Pubertät bist, ob du die Anweisungen der Eltern verstehst oder möglicherweise eine bessere Alternative hast. Die einzige Ausnahme bilden Anweisungen, die klar gegen

Gottes Willen in der Bibel verstoßen: *„Man muss Gott mehr gehorchen als Menschen"* (Apostelgeschichte 5,29).

Gott verlangt von uns, unsere Eltern zu ehren. Wie sieht es da in deinem Leben aus? Redest du schlecht über deine Eltern und machst dir gelegentlich Gedanken darüber, wie du dich noch weniger um sie kümmern kannst?

Dieses Gebot hat auch dann noch Bestand, wenn du aus deinem Elternhaus ausgezogen bist. Allerdings bedeutet „ehren" dann nicht mehr, dass du ihnen gehorchen musst. Je älter du wirst, desto mehr eigene Entscheidungen musst du treffen, zum Beispiel, wenn es um die Wahl deines Berufs oder des Ehepartners geht.

6. Gebot: „Du sollst nicht töten."

Ich kann gar nicht mehr zählen, wie viele Menschen mir schon gesagt haben: „Na, dieses Gebot habe ich aber gehalten. Umgebracht habe ich noch niemanden!" Möglicherweise denkst du auch so.

Aber der Herr Jesus macht uns klar, dass es ihm nicht nur um unsere Taten geht. Für ihn sind auch unsere Worte und Gedanken entscheidend. Er sagt: *„Du sollst nicht töten; wer aber irgend töten wird, wird dem Gericht verfallen sein. Ich aber sage euch: Jeder, der seinem Bruder ohne Grund zürnt, wird dem Gericht verfallen sein; wer aber irgend zu seinem Bruder sagt:*

Raka!, wird dem Synedrium verfallen sein; wer aber irgend sagt: Du Narr!, wird der Hölle des Feuers verfallen sein" (Matthäus 5,21.22). Im Johannesbrief ist es noch krasser ausgedrückt: *„Jeder, der seinen Bruder hasst, ist ein Menschenmörder ..."* (1. Johannes 3,15). Bist du schockiert über den Maßstab, den Jesus hier anlegt? „Raka" bedeutet „Dummkopf" auf Aramäisch. Hast du schon einmal einen Menschen „Dummkopf" genannt, oder sogar ein noch heftigeres Wort benutzt? Gibt es jemanden in deinem Leben, den du hasst? Kennst du die Situation, dass du einen Drängler im Straßenverkehr oder einen Kollegen, der wieder einmal über dich lästert, verwünschst mit den Worten: „Ah, den könnte ich ..."? Wenn wir ehrlich zu uns selbst sind, müssen wir bekennen, gerade bei diesem Gebot schon oft gesündigt zu haben. Für Gott ist ein solches Verhalten so, als würden wir diese Person in Gedanken töten.

Diese bösen Gedanken und Flüche entspringen unserem bösen Herzen, das nicht die Liebe Gottes widerspiegelt. Jesus Christus sagte einmal: „Denn aus der Fülle des Herzens redet der Mund" (Matthäus 12,34) – für ihn zeigt sich das, was du wirklich denkst und fühlst, in deinen Worten. Wenn du nun mit Gedanken und Worten fluchst – was sagt das über dein Herz aus? Meinst du immer noch, dass du noch nie gesündigt hast?

7. Gebot: „Du sollst nicht ehebrechen."

Vielleicht zeigst du eine ähnliche Reaktion wie beim sechsten Gebot: „Ich habe noch nie Ehebruch begangen, war meinem Partner doch immer treu; hier bin ich unschuldig!" Es mag durchaus sein, dass du körperlich noch keine Ehe gebrochen hast, also noch keinen Geschlechtsverkehr mit einem Menschen hattest, der nicht dein Ehepartner ist. Aber hast du vielleicht schon einmal in Gedanken Ehebruch begangen? Hast du noch nie eine schöne Frau/einen gut aussehenden Mann gesehen und dir in Gedanken vorgestellt, wie sie/er nackt aussehen könnte? Lesen wir noch einmal, was Jesus darüber sagt: *„Ich aber sage euch: Jeder, der eine Frau ansieht, sie zu begehren, hat schon Ehebruch mit ihr begangen in seinem Herzen"* (Matthäus 5,28). Merkst du, dass Jesus Christus nicht nur den vollzogenen Ehebruch meint? Hast du schon einmal einen Menschen so sehr begehrt, dass du dir in Gedanken vorgestellt hast, mit ihm zu schlafen? Hast du schon einmal Pornografie angesehen oder ein Striplokal besucht? Machst du Selbstbefriedigung? Für Jesus ist das alles Sünde. Er bewertet auch die Gedanken, die einer solchen Tat vorhergehen.

Dabei verurteilt Gott nicht die Sexualität an sich, sondern nur den Missbrauch davon. Das Leben vieler Menschen, die aufgrund eines solchen Missbrauchs unter Depressionen leiden, ist zerstört. Dabei macht Gott in der Bibel klar, dass jeglicher Sex außerhalb der Ehe – auch dann, wenn er einvernehmlich mit einem Partner geschieht – Hurerei und somit Sünde ist.

Hast du schon einmal Ehebruch begangen? Falls du Nein antwortest: Hast du schon einmal Ehebruch in deinem Kopf begangen, indem du über Sex mit jemandem fantasiert hast?

8. Gebot: „Du sollst nicht stehlen."

Vermutlich musstest du dich noch nicht vor einem Richter für einen Millionen-Bankraub verantworten und hast auch noch kein Auto gestohlen. Doch wie sieht es aus mit Steuerhinterziehung oder dem Betrügen bei Prüfungen und Klausuren? Hast du vielleicht schon mal illegal einen Film oder ein Computerspiel aus dem Internet heruntergeladen? Auch da nimmst du etwas, was dir nicht zusteht. Oder hast du jemandem die Ehre gestohlen und dich mit fremden Federn geschmückt?

Wir tendieren leicht dazu, unter Stehlen nur Ladendiebstähle und Raubüberfälle zu verstehen. Doch wenn wir berücksichtigen, dass Diebstahl einfach nur bedeutet, etwas zu nehmen, was uns nicht gehört, müssen wir feststellen: Wir haben alle schon gestohlen!

9. Gebot: „Du sollst kein falsches Zeugnis ablegen gegen deinen Nächsten."

Immer wieder sagen mir Menschen, sie hätten noch nie in ihrem Leben gelogen. Wenn ich an meine eigene Kindheit denke, kann ich das kaum glauben. Aber Gottes Wort geht noch über eindeutige Lügen hinaus: Selbst ein vages Gerücht, das du vielleicht über jemanden verbreitest, ist ein Verstoß gegen dieses Gebot. Hast du schon einmal gelästert über eine Kollegin, indem du falsche Dinge und Gerüchte verbreitet hast? Wolltest du schon einmal einer unfreundlichen Person in deinem Leben schaden und hast deshalb etwas Unwahres erzählt? Wie sieht es mit Mobbing aus, in der Schule, auf der Arbeitsstelle – oder auch in Facebook und WhatsApp? Das alles ist ein solches „falsches Zeugnis"!

Ein weiteres interessantes Thema in dem Zusammenhang ist die so genannte Notlüge. Vielleicht kennst du auch folgende Sätze:

◎ „Ich habe heute leider keine Zeit" („... und besonders keine Lust")
◎ „Ich habe diese Hausaufgabe nicht verstanden" („... eigentlich habe ich sie vergessen")
◎ „Ich weiß es nicht" (obwohl man nur nicht die Wahrheit sagen will.)
◎ „Hast du deiner Kollegin heute etwa von unserem

Gespräch erzählt?" – „Nein, natürlich nicht!" (Ich habe es nämlich schon gestern gemacht.)
◎ „Ich freue mich sehr über deinen Anruf" (in Wahrheit ist man genervt)

Gott kann nicht lügen (Titus 1,2; Hebräer 6,18) und erwartet deshalb auch von uns absolute Ehrlichkeit. Jede Unwahrheit ist ihm ein Gräuel – und dazu gehören auch Notlügen wie in den obigen Beispielen. Hast du wirklich noch nie gelogen?

10. Gebot: „Du sollst nicht begehren das Haus deines Nächsten; du sollst nicht begehren die Frau deines Nächsten noch seinen Knecht, noch seine Magd, noch sein Rind, noch seinen Esel, noch alles, was dein Nächster hat."

Das achte Gebot hat gezeigt, dass es Sünde ist, etwas zu nehmen, das einem rechtmäßig nicht gehört. Das zehnte Gebot zeigt uns, dass Sünde schon einen Schritt vorher beginnt: Wenn du etwas nur begehrst, das ein anderer Mensch hat, hast du schon gegen diese Forderung Gottes verstoßen. Wie oft kommt es vor, dass wir nicht zufrieden sind mit dem, was wir haben, und neidisch werden? Kennst du Neid und Eifersucht? Wegen eines Autos, das schneller als unser eigenes ist? Wegen des hohen Gehalts unseres Chefs? Wegen der schönen Frau, die unser Freund geheiratet hat? Wegen des guten Bachelorabschlusses unseres Kommilitonen? Dabei muss es sich nicht nur um materiellen Besitz handeln – auch Fähigkeiten, die unsere Mitmenschen haben und wir nicht, können dazugehören. Merkst du, dass du vielleicht schon einmal etwas begehrt hast, das dir nicht gehört?

Tatsächlich: Jeder Mensch hat gesündigt!

Mit der Aussage, dass „alle gesündigt" haben (Römer 3,23), hat die Bibel hundertprozentig recht. Wir – du und ich – gehören zu diesen Menschen, die bei den Zehn Geboten nicht auf „unschuldig" plädieren können. *„Wer vermag vor dem HERRN, diesem heiligen Gott, zu bestehen?"* (1. Samuel 6,20).

Gott ist in seinem Urteil so absolut, dass er uns in der Bibel mitteilt: *„Denn wer irgend das ganze Gesetz hält, aber in einem strauchelt, ist aller Gebote schuldig geworden"* (Jakobus 2,10). Selbst wenn es dir möglich sein sollte, nur einmal im Leben zu sündigen, verdienst du nach Gottes Urteil die ewige Gottesferne. Nur eine Notlüge – und du bist verloren. Eine Sünde reicht. Und sei bitte ehrlich: Waren es nicht mehr als eine Sünde?

> Bleibst du dabei, dass du noch nie gesündigt hast? Oder spürst du, dass es wohl keinen einzigen Tag in deinem Leben ohne Sünde gab?

Gott nennt in der Bibel noch viele weitere Sünden, die wir leider oft begehen: *„... Ungerechtigkeit, Bosheit, Habsucht, Schlechtigkeit; voll von Neid, Mord, Streit, List, Tücke; Ohrenbläser, Verleumder, Gott Hassende, Gewalttäter, Hochmütige, Prahler, Erfinder böser Dinge, den Eltern Ungehorsame, Unverständige, Treulose, ohne natürliche Liebe, Unbarmherzige"* (Römer 1,29-31); *„... Hurerei, Unreinheit, Leidenschaft, böse Lust und die Habsucht, die Götzendienst ist"* (Kolosser 3,5); *„... Zorn, Wut, Bosheit, Lästerung, schändliches Reden aus eurem Mund"* (Kolosser 3,8); *„selbstsüchtig", „geldliebend"* (2. Timotheus 3,2).

Es gibt noch ein weiteres Vergehen, das wir leicht übersehen können. Der Herr Jesus selbst spricht von der *„Sünde, weil sie nicht an mich glauben"* (Johannes 16,9). Wenn wir, obwohl wir es besser wissen könnten, Jesus nur für einen guten, hilfsbereiten Menschen halten oder für einen einflussreichen Religionsgründer, aber nicht für den Sohn Gottes, der uns retten kann, machen wir uns ebenfalls vor Gott schuldig.

„Okay, ich habe wohl doch gesündigt" – und was nun?

Gottes Gericht wird alle Sünder treffen – und da spielt es keine Rolle, ob diese sich als unschuldig oder schuldig sehen. Gottes Beurteilung ist maßgeblich, und er wird auch die richten, die von sich behaupten, nie

gesündigt zu haben: *„Und du sagst: Ich bin unschuldig
[...]. Siehe, ich werde Gericht an dir üben, weil du sagst:
Ich habe nicht gesündigt"* (Jeremia 2,35).

Wenn du jedoch akzeptierst, dass du tatsächlich
schon gesündigt hast und somit das Gericht verdienst,
kannst du im Glauben das Angebot annehmen, dass Jesus Christus für deine Millionen von Sünden gestorben
ist. Du musst akzeptieren, dass du ein Sünder bist!

Vor fast 2000 Jahren ist nur kurze Zeit nach Jesu Tod
ein Verbrecher gestorben, der neben ihm gekreuzigt
wurde. Weißt du, wie er es geschafft hat, in den letzten Stunden seines Lebens noch gerettet zu werden? Er
akzeptierte, dass er gesündigt hatte, und sagte: *„... wir
[er und ein weiterer gekreuzigter Verbrecher] empfangen,
was unsere Taten wert sind ..."* (Lukas 23,41). Nur aufgrund
dieser Erkenntnis konnte er Jesus als Retter akzeptieren – und das ist auch wichtig für dich. Du musst verstehen, dass du gesündigt hast, und das nicht nur einmal,
sondern unzählbar oft. So begreifst du, dass du Jesus
Christus als Retter brauchst und von ihm Vergebung
deiner Schuld erbitten darfst. Dann wird Gott – und
das ist die einzigartige Botschaft der Bibel – dir deine
Schuld vergeben!

Wenn wir sagen,
dass wir keine Sünde haben,
so betrügen wir uns selbst,
und die Wahrheit ist nicht in uns.

Wenn wir unsere Sünden bekennen, so
ist er treu und gerecht, dass er uns die
Sünden vergibt und uns reinigt von aller
Ungerechtigkeit. 1. Johannes 1,8.9

„Ich bin eigentlich kein so schlechter Mensch, es gibt noch deutlich schlimmere!"

Ich erinnere mich an etliche junge Menschen, die zu mir sagten, dass sie im Vergleich zu anderen doch recht harmlose Zeitgenossen wären. „Okay, ich habe ja bestimmt mal gesündigt, aber guck dir doch mal Mörder an. Die sind ja wohl viel schlimmer!"

Denkst du auch so? Kommst du ebenfalls zu dem Schluss, dass Adolf Hitler, Josef Stalin, Osama Bin Laden, der chinesische Revolutionär Mao Tse-Tung, Saddam Hussein, der norwegische Terrorist Anders Behring Breivik doch alle schlimmer sind als du und somit das Gericht Gottes mehr verdient haben? In der Tat gibt es da gewaltige Unterschiede, die Gott auch nicht ignoriert. Das bedeutet jedoch nicht, dass weniger schlimme Menschen dem Urteil und Gericht entgehen. Jeder Sünder wird einmal von Gott bestraft werden. Ein Beispiel, um das zu verdeutlichen: Ob ich im Swimmingpool oder im Meer ertrinke, spielt keine Rolle – ich bin in beiden Fällen tot (obwohl das Meer tiefer ist). So hat die Frage, ob Gott mich bestrafen würde, absolut nichts damit zu tun, ob es schlimmere Menschen gibt als mich.

Stell dir folgende Gerichtssze-
ne vor: Du bist wegen Mordes an-
geklagt und kurz davor, verurteilt
zu werden. Gelingt es dir, einen
Freispruch zu erwirken, wenn du
Folgendes sagst: „Herr Richter,
ich gebe zu, dass ich schuldig bin;

Niemand der Angeklagten ist unschuldig vor Gott!

aber Adolf Hitler hat noch viel schlimmere Dinge getan, dagegen war mein Vergehen ja wirklich nur harmlos!"? Nein, der Richter wird dich persönlich für dein
Vergehen bestrafen.

Was sagt die Bibel darüber?

So ist es auch bei Gott. Die Bibel berichtet von einem
großen weißen Thron, an dem Jesus Christus in der Zukunft alle Menschen, die nicht an ihn geglaubt haben,
richten wird. Das wird schrecklich sein, weil dort jeder
Angeklagte das Urteil „Schuldig!" erleben wird. In der
Offenbarung, dem letzten Teil der Bibel, wird uns die
Urteilsverkündigung beschrieben: *„Und ich sah einen
großen weißen Thron und den, der darauf saß ... Und
ich sah die Toten, die Großen und die Kleinen, vor dem
Thron stehen, und Bücher wurden geöffnet; und ein anderes Buch wurde geöffnet, welches das des Lebens ist.
Und die Toten wurden gerichtet nach dem, was in den
Büchern geschrieben war, nach ihren Werken. Und das*

Meer gab die Toten, die in ihm waren, und der Tod und der Hades gaben die Toten, die in ihnen waren, und sie wurden gerichtet, jeder nach seinen Werken. ... Und wenn jemand nicht geschrieben gefunden wurde in dem Buch des Lebens, so wurde er in den Feuersee geworfen" (Offenbarung 20,11-15).

Gott wird die Strafe nach sorgfältiger Betrachtung der Bücher festlegen. In dem ersten, dem „Buch des Lebens", sind alle Menschen aufgeführt, die in ihrem Leben akzeptiert haben, dass sie Sünder sind und deshalb Jesus Christus als ihren Retter brauchen. Jeder, der nicht in diesem Buch steht, empfängt dann seine gerechte Strafe – abhängig von dem, was in den weiteren erwähnten Büchern steht. Diese Bücher, die Gott dann zur Hand nehmen wird, beantworten deinen Einwand direkt. Gott wird einen jeden richten *„nach seinen Werken"* (Römer 2,6; 1. Petrus 1,17). Das bedeutet, dass alle Personen, die dort verzeichnet sind, in die ewige Gottesferne gelangen werden. Da dieses Urteil abhängig von den Werken gefällt wird, muss es Unterschiede in der Bestrafung geben – diese betreffen allerdings die Intensität und nicht die Länge. Das bedeutet: Auch wenn manche Menschen sicher eine härtere Strafe erleiden müssen als andere, muss jeder bei diesem Gericht anwesende Mensch eine Ewigkeit in die Hölle gehen. Dieses Urteil ist in jedem Fall sicher! Da gibt es keine Ausnahme – es macht keinen Unterschied, ob Adolf

Hitler mit mehreren Millionen Menschenleben auf dem Gewissen vor Gott stehen wird oder du mit einer Notlüge. Gottes Urteil muss „Hölle" heißen. Die jeweiligen Sünden entscheiden dann jedoch über die Höhe der Bestrafung.

Niemand wird es da wagen, mit dem Finger auf den (in seinen Augen) noch schlimmeren Nachbarn zu zeigen, weil jeder genau weiß, dass seine eigenen Sünden eine solche Bestrafung verdient haben. Gott sagt uns sogar in seinem Wort, dass man aller Gebote schuldig wird, wenn man auch nur in ein einziges übertreten hat (Jakobus 2,10).

Die Tatsache, dass Gott die Härte der Strafe individuell festlegt, bietet keinerlei Hoffnung auf Straffreiheit. Die ewige Trennung von Gott, die Hölle, wird im individuellen Erleben jedes Menschen, der sich dort aufhält, schlimm und furchtbar sein (siehe dazu auch Einwand 14). Eine Realität, die unvorstellbar schrecklich, aber wahr ist.

Wie kannst du das verhindern?

Aber diese gerechte Bestrafung Gottes kann abgewendet werden, wenn dein Name im Buch des Lebens steht. Dann wird es für Gott keinen Grund mehr geben, dich für deine Sünden zu bestrafen. Warum? Weil er sie schon einmal bestraft hat – und zwar an Jesus Christus, seinem Sohn. *„Die Strafe zu unserem Frieden lag auf ihm"* (Jesaja 53,5), sagt die Bibel. Um zu begreifen, was das bedeutet, müssen wir auf den Hinrichtungshügel Golgatha sehen, wo Jesus Christus vor den Toren Jerusalems gekreuzigt wurde. Dort am Kreuz hing Jesus und war bereit, für all das gerichtet zu werden, was du und ich je getan haben und tun werden – damit wir nicht diese schreckliche Strafe Gottes für unsere Sünden erdulden müssen. Damit du freikommen kannst. Das ist die Liebe Gottes! Er verspricht allen, die dieses Angebot aufrichtig annehmen, dass er *„ihre Schuld vergeben und ihrer Sünde nicht mehr gedenken"* wird (Jeremia 31,34; vgl. Jesaja 43,25), dass er ihre Sünden hinter *„seinen Rücken"* (Jesaja 38,17) werfen und ihre Übertretungen so weit von ihnen entfernen wird, wie *„der Osten ist vom Westen"* (Psalm 103,12).

Was für eine Alternative, die Jesus dir anbietet! Er hat schrecklich gelitten, weil er dich vor einer schrecklichen Zukunft ohne Ende in der Gottesferne bewahren möchte. Deshalb bitte ich dich herzlich:

Lass dich versöhnen mit Gott!

2. Korinther 5,20

„Ich habe so schlimme Sünden begangen; Gott kann mir nicht vergeben!"

Vor einigen Jahren traf ich einen Mann, der durch eine lange Alkohol- und Drogensucht auf der untersten Ebene der Gesellschaft angekommen war. Sein Körper war von Krebs zerfressen, er war buchstäblich am Ende. Seine Geschichte lässt erahnen, wie er sich jetzt fühlen musste. Er war einige Jahre zuvor als Soldat in Afghanistan gewesen und hatte dort schreckliche Dinge gesehen – und getan: Eines Tages beobachtete er einige Soldaten, die ein kleines Mädchen quälten und dann töteten. In rasender Wut griff er zur Waffe und erschoss sie alle.

Zurück in Deutschland griff er zerfressen von Schuldgefühlen und belastet durch seine furchtbaren Erinnerungen zur Flasche. Seine Frau trennte sich von ihm, er fand keinen Job mehr. Nun saß er vor mir, den Tod vor Augen. Seine ganze Hoffnungslosigkeit kam zum Vorschein, als er mit Schmerz in der Stimme sagte: „Ich habe dort so schreckliche Dinge getan, das kann Gott mir niemals verzeihen – unmöglich!"

Kann Gott wirklich alles verzeihen?

Ist das auch deine Frage? Denkst du, dass diese Botschaft, Gott würde alles verzeihen, ja schön und gut klingt, aber dass er bei deinen Sünden sicher ablehnen muss? Vielleicht hast du einmal einen Menschen sehr enttäuscht, hast vielleicht einmal schwere Gewalt ausgeübt. Möglicherweise denkst du aber auch an Sünden wie Diebstahl und Betrug, vielleicht belasten dich Erinnerungen an bestimmte sexuelle Erfahrungen oder an eine Abtreibung. Kann Gott dir das alles wirklich komplett vergeben?

Ich möchte dir mit einem Beispiel aus der Bibel antworten (nachzulesen in 2. Samuel 11): Vor 3000 Jahren war David der König über Israel. Sein Volk befand sich gerade im Krieg mit Syrien, während der König in seinem Palast blieb. Von seiner Dachterrasse aus sah er in der Nachbarschaft eine schöne Frau in ihrem Innenhof baden – er ließ sie holen und verbrachte eine Nacht mit ihr. Sie wurde schwanger. Aus Angst davor, seinen Ruf zu verlieren, ließ er ihren Ehemann, den Soldaten Urija, von der Front holen, machte ihn betrunken und schickte ihn nach Hause. Er hoffte, dass Urija mit seiner Frau schlafen würde, damit er sich selbst für den Vater des Kindes halten würde. Da Urija aber pflichtbewusst bei seinen Soldaten übernachtete, griff David zu Plan B: Urija musste sterben. So ließ er den betrogenen Ehemann in der nächsten Schlacht in der ersten Reihe antreten – und wie geplant starb er im Kampf. Nun schien aus seiner Sicht endlich alles geklärt und David konnte die Witwe heiraten.

Aber war wirklich alles gut? David hatte Ehebruch begangen, einen tapferen Soldaten betrunken gemacht, Menschen belogen und dafür gesorgt, dass der tapfere Mann starb. Schockierend, nicht wahr? Die Bibel sagt über diese Taten: *„Aber die Sache, die David getan hatte, war böse in den Augen des HERRN"* (2. Samuel 11,27).

Wie konnte Gott David verzeihen?

Der weitere Verlauf der Geschichte zeigt, dass David tiefe Reue über seine Taten zeigte, nachdem Gott ihn direkt mit seiner Sünde konfrontiert hatte. Er tat Buße über seine Sünden und bat Gott um Vergebung: *„Wasche mich völlig von meiner Ungerechtigkeit, und reinige mich von meiner Sünde! Denn ich kenne meine Übertretungen, und meine Sünde ist beständig vor mir. Gegen dich, gegen dich allein habe ich gesündigt, und ich habe getan, was böse ist in deinen Augen .... Verbirg dein Angesicht vor meinen Sünden und tilge alle meine Ungerechtigkeiten. Schaffe mir, Gott ein reines Herz ..."* (Psalm 51,4-6.11.12).

David sah ein, dass seine bösen Taten nicht nur gegen die betroffenen Menschen, sondern direkt gegen

Gott gerichtet waren. Er gab zu, gegen Gott gesündigt zu haben – und er verstand, dass er nicht durch gute Taten mit Gott ins Reine kommen konnte. Ihm war bewusst, dass er Gottes gnädige Vergebung benötigte. Und wie antwortete Gott darauf? Er vergab ihm seine Sünde!

Vertraust du Gott, dass er das tut, was er verspricht?

Macht das nicht Mut, Jesus Christus zu glauben? Gott verspricht dir in der Bibel, dir jede Sünde zu verzeihen, wenn du sie aufrichtig bekennst (1. Johannes 1,9). Christus ist auch für den Ehebruch und die Beihilfe zum Mord von David gestorben. Ist dir bewusst, dass Jesus Christus am Kreuz von Golgatha alle Sünden von den Menschen, die an ihn glauben, auf sich genommen hat? Er stand vor Gott, als ob er selbst ein Lügner, Mörder, Vergewaltiger, Betrüger wäre. Er wurde dafür bestraft und hat mit seinem Tod für jede einzelne dieser Sünden bezahlt. Und genau deshalb darfst du sicher sein, dass Jesus dir jede einzelne Sünde verzeihen kann – egal, wie schlimm sie ist.

Ich weiß nicht, mit welcher Sünde du dich möglicherweise quälst. Welche auch immer es sein mag, die deiner Ansicht nach Gott niemals verzeihen könnte – vertraue auf Jesus Christus, der am Kreuz für die schlimmsten Sünden bezahlt hat und gestorben ist. Bekenne ihm in vollem Vertrauen deine Sünden und bitte ihn um Vergebung. Dann wirst du erfahren, dass er tatsächlich jede einzelne Sünde wegnehmen kann. Ohne Ausnahme.

Lass dich nicht davon abhalten, Gott deine Sünden zu bekennen. Verlass dich ganz auf ihn!

Denn alle meine Sünden
hast du hinter deinen Rücken geworfen.

Jesaja 38,17

Und du wirst alle ihre Sünden
in die Tiefen des Meeres werfen.

Micha 7,19

EINWÄNDE
ZUM THEMA

TOD UND
EWIGKEIT

„Ich kann mich ja
später noch bekehren!"

Vielleicht spürst du durch das Lesen der bisherigen Kapitel, dass es sinnvoll ist, an Jesus Christus zu glauben. Aber du bist noch nicht bereit dazu, du hast Angst, zu viel aufgeben zu müssen dafür, und sagst dir deshalb: „Ich warte mal noch ab, Jesus kann ich ja immer noch als Retter annehmen." Und damit bist du nicht allein – viele Menschen reden so. Leider.

Ich möchte dir zeigen, wie riskant eine solche Denkweise ist. Stell dir vor, du erbst ein Haus und planst, eine Feuerversicherung abzuschließen. Da diese jedoch teuer ist, zögerst du noch damit. Einige Zeit später fährst du nach Hause und siehst Rauch von deinem Haus aufsteigen – es brennt! Du greifst sofort zum Handy und rufst erst die Feuerwehr und dann bei der Versicherung an, um schnell noch eine Feuerversicherung abzuschließen. Was glaubst du, wird der Versicherungsmakler dir antworten? „Zu spät, jetzt ist der Brandfall ja bereits eingetreten!"

Weißt du, wann du stirbst?

Mit deinem Leben ist es genauso. Woher weißt du, dass nicht morgen in deinem Leben „ein Feuer ausbricht" und

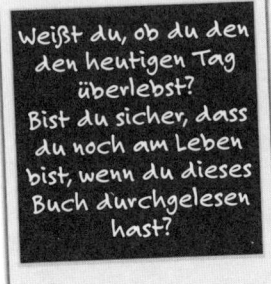

Weißt du, ob du den den heutigen Tag überlebst?
Bist du sicher, dass du noch am Leben bist, wenn du dieses Buch durchgelesen hast?

du die Fahrt zur Arbeit nicht überlebst? Du könntest einen tödlichen Herzinfarkt erleiden oder einen schweren Unfall, den du nicht überlebst? Hast du irgendwelche Garantien dafür, dass du wenige Sekunden vor deinem Tod erfahren wirst, dass du gleich stirbst? Die Bibel warnt dich vor einem plötzlichen Tod, mit dem du nicht gerechnet hast: *„Darum wird plötzlich sein Verderben kommen; in einem Augenblick wird er zerschmettert werden ohne Heilung"* (Sprüche 6,15).

Ich erinnere mich an einen Klassenkameraden, mit dem ich über genau diese Frage sprach. Auch er sagte, dass er doch noch viel Zeit hätte. Nur wenige Jahre später stürzte er auf einer Party mit dem Kopf auf einen Bordstein. Tot. Mit nur 18 Jahren! Er hatte weniger Zeit, als er gehofft und gedacht hatte.

Weder du noch ich wissen, wann wir sterben werden: *„Kein Mensch ... hat Macht über den Tag des Todes"* (Prediger 8,8). Die Hoffnung, eine Entscheidung für Jesus Christus verschieben zu können, ist äußerst leichtsinnig. Du weißt nicht, wann du stirbst – oder wann Jesus Christus wiederkommen wird. Und dann wird es für dich zu spät sein, wenn du ihn nicht bereits als deinen Retter angenommen hast!

Gott selbst hat einen Stichtag festgesetzt, bis zu dem er dir das Angebot der Errettung macht. Er selbst bestimmt deine Tage, die Zahl deiner Monate legt er fest – *„meine Lebensdauer ist wie nichts vor dir; ja, nur ein Hauch ist jeder Mensch, der dasteht"* (Psalm 39,6). Somit hängt es ganz von ihm ab, wann deine Zeit für eine Entscheidung abgelaufen ist: *„... so wird der Herr jenes Knechtes kommen an einem Tag, an dem er es nicht erwartet, und in einer Stunde, die er nicht weiß, und wird ihn entzweischneiden und ihm sein Teil geben mit den Untreuen [o. Ungläubigen]"* (Lukas 12,46).

Wenn es dir in 60 Jahren ernst ist – warum nicht schon jetzt?

Es gibt jedoch noch einen weiteren Grund, warum dieses Aufschieben der Entscheidung gefährlich ist. Wenn du dir heute vornimmst, in einigen Jahren Gott alle Sünden zu bekennen und bis dahin so weiterzuleben wie bisher, zeigst du Gott damit nur eins: Du meinst es nicht ernst mit der Reue! Wäre dir bewusst, wie schlimm deine Sünden in Gottes Augen sind und dass du deshalb Jesus Christus als Retter brauchst, würdest du keine Sekunde damit zögern. Wie soll das auch gelingen, sich vorzunehmen, irgendwann einmal Reue zu haben? Entweder wir bereuen eine Tat oder eben nicht. Gott erwartet ein aufrichtiges Herz von uns. Nach seinem Urteil trifft Heuchler eine besondere Schwere der Strafe in der Hölle. Gott verlangt echte Reue und Buße für unsere Sünden. Wenn du begriffen hast, dass du aufgrund deiner Sünden einen Retter nötig hast, solltest du – ohne eine weitere wertvolle Minute zu verlieren – Jesus Christus bitten, dich zu retten.

Weißt du, warum du noch lebst? Es ist ein Geschenk Gottes. Mindestens zwei oder drei Chancen zur Umkehr gibt Gott jedem Menschen. Möglicherweise ist das Lesen dieser Zeilen die letzte Chance, die Gott dir noch gibt. Ignoriere sie nicht!

Bitte schieb die Entscheidung nicht auf, Gott warnt vor einem solch waghalsigen Schritt: *„Ein Mann, der, oft zurechtgewiesen, den Nacken verhärtet, wird plötzlich zerschmettert werden ohne Heilung"* (Sprüche 29,1). Verlass dich nicht auf die vage Aussicht, dass du noch warten kannst. Irgendwann, vielleicht schon sehr bald, wird es für dich zu spät sein. Dann ist für dich das großartige Angebot der Liebe Gottes abgelaufen. Aber jetzt hast du noch die Chance, gerettet zu werden!

Würdest du bei einer tödlichen Krankheit wie Krebs mit der medizinischen Behandlung bis kurz vor dem Tod warten? Ich denke, du würdest sofort alles tun, um geheilt zu werden. Warum nicht auch beim Problem der Sünde?

Warum es sich lohnt, nicht zu warten

Es gibt jedoch noch einen weiteren Grund, warum du mit der Entscheidung nicht warten solltest. Jeder Tag, den du weiterhin ohne Gott lebst, ist ein Tag ohne eine erfüllende Beziehung zu einem liebenden Vater, der es gut mit dir meint. Ich habe noch nie einen Christen getroffen, der es bereut hat, sich bekehrt zu haben. Und noch nie ist mir jemand begegnet, der sagte: „Hätte ich mich doch lieber erst später im Leben bekehrt." Wer erst spät im Leben eine Beziehung zu Gott bekommt, bedauert oft, diesen Schritt nicht früher getan zu haben. Gott möchte dir schon in deinen Jahren auf der Erde bedingungslose Liebe schenken. Warte nicht mit deiner Entscheidung – du wirst es nicht bereuen!

Wenn ein gottloser Mensch stirbt,
wird seine Hoffnung zunichte. Sprüche 11,7
Denn du bist meine Hoffnung, Herr,
HERR, meine Zuversicht von meiner
Jugend an. Psalm 71,5

„Ich lebe jetzt einfach mein Leben, ich kann mich nach dem Tod noch entscheiden."

Hast du die Hoffnung, dich nach dem Tod noch entscheiden zu können? Leider denken viele so. Sie hoffen, dass Gott am „Eingang zum Himmel" mit ihnen gnädig sein wird und die Errettung dann noch möglich ist.

Aber seien wir doch einmal ehrlich: Was ist der Grund für eine solche Denkweise? Diese Menschen wollen ihr Leben genießen und in vollen Zügen auskosten – und zwar ohne Gott. Solange wie möglich in Saus und Braus leben, bevor sie dann vor Gott stehen. Bei diesen Gedanken ist Gott nicht mehr als eine Versicherung, eine Notlösung, der letzte Strohhalm, den eigentlich keiner wirklich haben will. Warum sollte Gott eine solche Herzenshaltung gutheißen? Welches Signal geben wir Gott, wenn wir so denken? Dann sagen wir ihm: „Ich will mein Leben ohne dich leben, aber nach meinem Tod bist du gut genug für mich!" Das kann Gott nicht akzeptieren!

Was teilt Gott uns über das Jenseits mit?

Ist es denn möglich, sich nach dem Tod für Gott zu entscheiden? Was sagt die Bibel dazu? Sie gibt eine klare

Antwort: *„Und ebenso wie es den Menschen gesetzt ist, einmal zu sterben, danach aber das Gericht"* (Hebräer 9,27). Die letzte Sekunde vor deinem Sterben wird die letzte Sekunde sein, in der du dich entscheiden kannst. Ab dem Moment des Todes ist es zu spät, um „Ja" zu Gott zu sagen! Gott teilt uns hier mit, dass nach dem Tod das Gericht wartet. Somit ist die Entscheidung, die du auf der Erde triffst, verbindlich für die Ewigkeit: *„An dem Ort, wo der Baum fällt, da bleibt er liegen"* (Prediger 11,3).

Jesus beschrieb dies einmal sehr anschaulich, aber auch beunruhigend für Leute, die denken, bis nach dem Tod warten zu können. Er erzählte Folgendes: *„Es war aber ein gewisser reicher Mann, und er kleidete sich in Purpur und feine Leinwand und lebte alle Tage fröhlich und in Prunk. Ein gewisser Armer aber, mit Namen Lazarus, lag an dessen Tor, voller Geschwüre, und er begehrte, sich von dem zu sättigen, was von dem Tisch des Reichen fiel; aber auch die Hunde kamen und leckten seine Geschwüre. Es geschah aber, dass der Arme starb und von den Engeln in den Schoß Abrahams getragen wurde. Es starb aber auch der Reiche und wurde begraben. Und in dem Hades seine Augen aufschlagend, als er in Qualen war, sieht er Abraham von weitem und Lazarus in seinem Schoß. Und er rief und sprach: Vater Abraham, erbarme dich meiner [...]; denn ich leide Pein in dieser Flamme. Abraham aber sprach: [...] jetzt aber wird [Lazarus] hier getröstet, du aber leidest Pein. Und bei all*

> Die Schlucht zwischen Himmel und Hölle kann nach dem Tod nicht mehr überwunden werden. Deine Entscheidung muss auf der Erde getroffen werden!

diesem ist zwischen uns und euch eine große Kluft befestigt, damit die, die von hier zu euch hinübergehen wollen, nicht können und sie nicht von dort zu uns herüberkommen können. Er sprach aber: Ich bitte dich nun, Vater, dass du ihn in das Haus meines Vaters sendest, denn ich habe fünf Brüder, damit er sie dringend warne, damit nicht auch sie an diesen Ort der Qual kommen" *(Lukas 16,19-28)*.

Ich schaudere jedes Mal, wenn ich diesen wahren (!) Bericht lese. Ein Mann lebt sein Leben ohne Gott – und direkt nach seinem Sterben schlägt er die Augen auf am „Ort der Qual". Er bittet nun nicht etwa für sich darum, von diesem grauenvollen Ort in den Himmel zu gelangen, sondern er will seine Brüder warnen lassen, weil er realisiert hat: Es ist zu spät! Er begreift: Die große Kluft zwischen dem Paradies und dem Hades, dem „Vorort" der Hölle, macht es unmöglich, den Ort zu wechseln.

Wie schaffe ich es nun, zu Gott zu kommen?

„Eure Ungerechtigkeiten haben eine Scheidung gemacht zwischen euch und eurem Gott, und eure Sünden haben sein Angesicht vor euch verhüllt" (Jesaja 59,2), teilt Gott

schon im Alten Testament mit. Diese Schlucht zwischen Gott und Menschen ist nach dem Tod nicht mehr zu überbrücken. Dann folgt das Gericht.

Die einzige Chance für eine Verbindung zu Gott ist Jesus Christus. Er ist die einzige Brücke über diesen schrecklichen Abgrund zwischen Gott und uns. Er ist der *„Mittler zwischen Gott und Menschen, [...] der sich selbst gab als Lösegeld für alle"* (1. Timotheus 2,5.6). Nur durch ihn kannst du die Schlucht zwischen Gott und dir überbrücken – und das nur in diesem Leben. Wenn du einmal an dem Ort angekommen bist, wo der erwähnte reiche Mann nun ist, gibt es keine Chance mehr, die Trennung zwischen dem Himmel und dir aufzuheben. Deshalb nutze dein Chance jetzt!

Erlaube mir die Frage: Ist es nicht extrem riskant und leichtsinnig, sich an die vage Hoffnung zu klammern, nach dem Tod noch eine Chance zu bekommen? Wenn du das Gefühl hast, du musst dich entscheiden und Jesus deine Sünden bekennen – warum wartest du dann noch? Entscheide dich heute für ihn!

Heute, wenn ihr seine Stimme hört,
verhärtet euer Herz nicht.

Psalm 95,7.8

Siehe, jetzt ist die wohlangenehme Zeit,
siehe jetzt ist der Tag der Errettung.

2. Korinther 6,2

14

„So schlimm wird die Hölle schon nicht sein; mir egal, wenn ich dort hinkomme!"

Hast du nach einem Shoppingtag kurz vor Weihnachten schon einmal festgestellt, dass im Kaufhaus „die Hölle los war"? Bist du bei der letzten Krankheit „durch die Hölle gegangen"? Wolltest du einmal jemandem „die Hölle heiß machen"? In unserem Sprachgebrauch haben sich viele Sprichwörter eingeschlichen, die die Hölle verharmlosen. Schon etliche Leute haben zu mir gesagt: „Ach, in der Hölle kann ich mit meinen Freunden Karten spielen, ist doch toll!" Doch ist das wirklich so? Ist die Hölle ein Ort, an dem der Teufel mit Dreizack regiert, an dem die Sünder in lustiger Gesellschaft rauchen, trinken, Karten spielen und sich mit Frauen vergnügen? Eine Art Casino, ein Dauer-Spaßzustand? Das aufregende Erlebnis, das die Band AC/DC mit ihrem Song „Highway to Hell" anpreist?

Ist die Hölle wirklich so harmlos?

Die Realität dieses Ort ist schrecklich: Jesus Christus beschreibt die Hölle als das *„unauslöschliche Feuer, wo ihr [hiermit sind die Menschen gemeint, die dort sind]*

Wurm nicht stirbt und das Feuer nicht erlischt" (Markus 9,43.44). Hast du dich schon einmal verbrannt? Nun stell dir vor, du brennst lichterloh, was dir grauenvolle Schmerzen bereitet – doch du stirbst nicht. Deine unsterbliche Seele wird von einem Feuer gequält, das nie gelöscht werden kann.

Im Alten Testament wird an mehreren Stellen der Vergleich mit dem Tal des Sohnes Hinnoms gezogen, um den Menschen den Schrecken der Hölle begreiflich zu machen. In diesem Tal auf der Südostseite des Tempelbergs in Jerusalem wurden in früheren Zeiten Menschenopfer gebracht, indem dort Kinder verbrannt wurden (2. Könige 16,3; Jeremia 7,31). Ein furchtbares Tal also, in dem das Feuer gewissermaßen nie ausging. Mit solchen Vergleichen möchte die Bibel deutlich machen, wie wir uns die Hölle vorzustellen haben.

> Wenn du wissen willst, wie die Hölle ist, musst du den Beschreibungen von Jesus Christus glauben. Und er beschreibt sie als schrecklichen Ort!

Der Einzige, der uns verlässliche Informationen über das Jenseits und damit auch über die Hölle geben kann, ist Jesus Christus. Natürlich kam er hauptsächlich, um uns Gott vorzustellen und den Weg in den Himmel durch seinen Tod möglich zu machen. Und dennoch ist bemerkenswert, dass er deutlich mehr über die Hölle als über den Himmel sprach. Es war tatsächlich eines seiner größten Anliegen, Menschen wie dich und mich vor diesem schrecklichen Ort zu warnen.

So beschrieb Jesus die Hölle

Jesus Christus verwendet in den vier Evangelien verschiedene Begriffe, um die Hölle zu beschreiben:

- 15-mal „Feuer" (Matthäus 7,19; 13,40.42.50; 18,8.9; 25,41; Markus 9,43-48; Johannes 15,6; Lukas 16,24)
- 7-mal „Weinen und Zähneknirschen" (Matthäus 8,12; 13,42.50; 22,13; 24,51; 25,30; Lukas 13,28)
- 3-mal „äußerste Finsternis" (Matthäus 8,12; 22,13; 25,30)
- 17-mal „Gericht" (Matthäus 5,22; 10,15; 11,22; 12,36.41.42; 23,33; Markus 12,40; Lukas 10,14; 11,31.32; 12,58; 20,47; Johannes 5,24.27.29; 12,48)
- 4-mal ein Ort ohne Vergebung von Gott (Matthäus 6,15; 12,31; Markus 3,29; Lukas 12,10)
- 3-mal ein Zustand, in dem Gott den Menschen zurückweist (Matthäus 7,23; 25,41; Lukas 13,27)
- „Verderben" (Matthäus 7,13)
- „ewige Strafe" (Matthäus 25,46)
- „Verdammnis" (Markus 16,16)
- „Qualen und Pein" (Lukas 16,23-28). Auch wenn es hier um die Beschreibung des Hades geht, des Ortes, an dem die toten Ungläubigen jetzt sind – so macht uns diese Stelle doch die Schrecklichkeit des Ortes ohne Gott deutlich.

◉ 3-mal „verloren gehen" (Johannes 3,15.16; Matthäus 18,14)
Darüber hinaus benutzte Johannes der Täufer noch die
Begriffe „Zorn Gottes" (Johannes 3,36) und „kommenden
Zorn" (Matthäus 3,7; Lukas 3,7).

Diese Liste zeigt die unfassbare Schrecklichkeit der
Hölle. Schauen wir uns dazu drei der verschiedenen
Schilderungen der Hölle näher an:

a) „[das] unauslöschliche Feuer" (Markus 9,43)

Die Sonnenkorona, ein Bereich der Sonnenatmosphä-
re, erreicht mehrere Millionen Grad Celsius – für uns
Menschen ist das Baden in 50 °C heißem Wasser schon
sehr schmerzhaft. Kannst du dir vor diesem Hintergrund vorstellen, dass jeder Millimeter des Körpers
unendlich lange der sengenden Hitze des Feuers ausgesetzt sein wird? Während ein Mensch, der auf der
Erde verbrennt, nach wenigen Minuten stirbt, wird das
Feuer der Hölle ewig sein. Die Körper dort werden nie
zu Asche zerfallen, sondern ohne Unterbrechung der
Hitze ausgeliefert sein. Und das Schlimmste: Das Feuer
wird nie gelöscht werden! Viele Menschen sagen, in der
Hölle sei es schön warm. Die Beschreibung von Jesus
zeigt, dass das maßlos untertrieben ist!

b) „die äußerste Finsternis" (Matthäus 22,13) oder „das Dunkel der Finsternis" (Judas 13)

Eine absolute Finsternis, weit entfernt von jeder Licht-quelle – eine grauenhafte Vorstellung! Experimente zeigen, dass Menschen in komplett dunklen und schall-dichten Räumen schon nach relativ kurzer Zeit para-noide Züge aufweisen und verrückt werden können. Wie wird dann erst eine Ewigkeit in der Finsternis sein? Die Selbstmordrate in den skandinavischen Ländern ist gerade in den dunklen Wintermonaten am höchsten. Der Mensch benötigt Licht. Ohne Licht kein Leben, kei-ne Hoffnung. Der Herr Jesus benutzt hier das Bild einer ewigen Nacht ohne Tagesanbruch, ohne jeden Hoff-nungsschimmer, ohne irgendetwas Schönes zu sehen.

Doch diese Schilderung hat noch eine weitere Di-mension, denn *„Gott ist Licht"* (1. Johannes 1,5). Die Hölle ist also der Ort völliger Trennung von Gott, in den kein Lichtstrahl der Liebe Gottes dringt. Dort gibt es nur noch Hass und Wut! Wie schlimm muss es sein, ohne jede Aussicht auf Besserung, Trost und Liebe der äu-ßersten Finsternis ausgesetzt zu sein.

c) „Weinen und Zähneknirschen" (Matthäus 8,12)

Viele Menschen hoffen, dass ihre Seele nach dem Tod einfach nicht existent sein wird oder sie einfach nichts mehr fühlen und spüren können. Der Herr Jesus zeigt uns hier deutlich, dass die Menschen in der Hölle mit jeder Faser des Lebens die Qualen spüren und deshalb nichts tun können, außer herzzerreißend und bitter zu weinen. Dabei können diese Tränen sowohl eine Folge der erlebten Schmerzen und Leiden als auch Tränen der Wut und Enttäuschung und des Ärgers über die verpassten Chancen zur Umkehr sein (vgl. Lukas 16,27.28).

Während es für die weinenden Menschen in der Hölle keinen Trost, keinen Beistand, keine Hilfe geben wird, wird es im Himmel anders sein: Gott selbst wird *„jede Träne von ihren Augen abwischen"* (Offenbarung 21,4).

Es gibt die Hölle wirklich, ...

Wir haben glasklar gesehen, dass die Hölle nichts mit Spaß, Freude, Kartenspielen und Sex zu tun hat. Es ist wirklich absurd, darauf zu hoffen, dieser Ort sei gar nicht so schlimm. Die Realität, die die Bibel uns vorstellt, ist eine andere. *„Und der Rauch ihrer Qual steigt auf von Ewigkeit zu Ewigkeit; und sie haben keine Ruhe Tag und Nacht"* (Offenbarung 14,11). – Ist die Hölle eine lohnenswerte Alternative zu einer unvorstellbar perfekten Zukunft im Himmel?

Wie schrecklich wäre es, wenn du in die Hölle gehst, weil du diese Warnungen ignorierst und dir lieber weiter ausmalst, wie schön die Hölle wohl sein wird. Denn nur weil du sie dir weniger schlimm vorstellst, wird sie nicht automatisch so sein. Du kannst dir zum Beispiel einreden, ein Gefängnis in Deutschland sei wie ein Freizeitpark; die Realität der Gitterstäbe wird dadurch jedoch keinen Deut besser. Bei der Hölle ist es genauso – die Beschreibung von Jesus ist absolut zuverlässig!

> Bloß, weil wir sie nicht haben wollen, hört die Hölle bestimmt nicht auf zu existieren!

Darüber hinaus ist es fatal, die Hölle komplett aus den Gedanken der Menschen zu verbannen. „Wir leben ja nicht mehr im Mittelalter, es gibt keine Hölle", hörte ich schon oft Menschen sagen. Aber da wir die Realität nun einmal nicht ändern können, ist es fatal, die Hölle zu ignorieren. Sie hört doch nicht deswegen auf zu existieren, weil wir sie nicht haben wollen! Gottes Warnung ist wahr!

... aber Gott will dich im Himmel haben!

Gott bietet dir eine Möglichkeit an, wie du diesem schrecklichen Ort entgehen kannst. Er will nicht, dass du verloren gehst. Der Beweis dafür, dass er dich liebt, ist das Kreuz von Golgatha, wo er Jesus Christus, der unschuldig war, für fremde Schuld bestrafte. Noch kannst du zu Gott umkehren, ihm deine Sünden bekennen und dein Vertrauen darauf setzen, dass der Herr Jesus für deine Schuld am Kreuz bezahlt hat. Dann verspricht Gott dir in der Bibel, dass du „ewiges Leben" bekommst und nicht „verloren" gehen wirst (Johannes 3,16).

Wir haben es nicht verdient, dass Gott uns diese Möglichkeit gegeben hat, der Hölle zu entkommen. Wir können frei ausgehen, ohne für das bestraft zu werden, was wir verbrochen haben. Warum ist das so? Weil Jesus Christus selbst die „Leiden der Hölle" erduldet hat, als er in drei Stunden vollständiger Finsternis am Kreuz hing und dort von Gott gerichtet wurde. Er hat erlebt, was der Zorn Gottes bedeutet. Sein herzzerreißender Schrei *„Mein Gott, mein Gott, warum hast du mich verlassen?"* (Markus 15,34) zeigt, wie schrecklich diese Strafe gewesen sein muss und wie sehr der unschuldige Sohn Gottes gelitten hat.

Nimm das großartige Angebot des ewigen Lebens heute noch an!

Und wenn jemand nicht geschrieben
gefunden wurde in dem Buch des Lebens, so
wurde er in den Feuersee geworfen.

Offenbarung 20,15

Wahrlich, wahrlich, ich sage euch:
Wer mein Wort hört und glaubt dem,
der mich gesandt hat, hat ewiges Leben
und kommt nicht ins Gericht,
sondern ist aus dem Tod
in das Leben übergegangen.

Johannes 5,24

„Die Strafe ist bestimmt nicht ewig, nach einer Zeit ist sie doch abgesessen!"

„Irgendwann sollte ich meine Strafe doch abgestottert haben, dann komme ich da auch wieder raus", sagen viele. Aber ist das wirklich so? Bevor wir uns anschauen, was Gott in der Bibel dazu sagt, wollen wir wieder einen Blick in unsere Gesellschaft werfen.

Wenn bei einer Verurteilung das Strafmaß festgelegt werden soll, berücksichtigt das Gericht verschiedene Aspekte, wie z.B. die Schwere der Schuld, die Verhinderung einer weiteren Straftat durch das „Wegsperren" des Täters sowie dessen Wiedereingliederung in die Gesellschaft nach der Haftstrafe. Ein weiterer Aspekt – um den es in diesem Kapitel gehen soll – ist die Sühne. Dies besagt Folgendes: Der Gerechtigkeit wird Genüge getan, indem ein Schaden durch Buße oder Strafe wiedergutgemacht wird. Die Schuld wird also abgetragen bzw. gesühnt. Neben einer Bestrafung für den Täter ist dabei das Ziel, dass die Person, an der ein Unrecht begangen wurde, Genugtuung erfährt. Dabei legt das Gericht fest, ab wann eine Strafe gesühnt bzw. „abgestottert" ist.

Nun vergleichen wir dies einmal mit dem, was die Bibel zum Thema Schuld und göttlicher Strafe sagt.

Sünde ist schrecklich für Gott

Zunächst einmal müssen wir verstehen, wie schrecklich Sünde für Gott ist. So sagt das Wort Gottes beispielsweise, dass die Sünden der Menschen ihn in sein Herz hineinschmerzen *(1. Mose 6,6)* und sie ihm damit *„zu schaffen gemacht"* haben *(Jesaja 43,24)*. Sünde ist eine Beleidigung für Gott, eine Rebellion gegen ihn. Wenn wir uns vor Augen halten, dass Gott sogar seinen Sohn Jesus Christus dafür sterben ließ, begreifen wir, wie schlimm Sünde für ihn sein muss.

Vor diesem Hintergrund können wir uns vorstellen, dass Gott niemals nach einigen wenigen Jahren Bestrafung Genugtuung erleben kann. Gottes Gerechtigkeit fordert eine ewige Bestrafung dessen, der gesündigt hat. Der Mensch in der Hölle aber ist und bleibt ein Sünder und hat somit keine Chance, seine Fehler zu sühnen oder abzustottern.

Ein weiterer Bibelvers macht deutlich, dass Gott niemals durch eine zeitliche Strafe Genugtuung erfahren würde: *„Wer an den Sohn glaubt, hat ewiges Leben; wer aber dem Sohn nicht glaubt, wird das Leben nicht sehen, sondern der Zorn Gottes bleibt auf ihm"* *(Johannes 3,36)*. Der gerechte Zorn Gottes wird auf den Menschen bleiben. Und warum? Weil der Sünder immer ein Sünder bleibt. Er wird dies niemals ablegen können. Sein Zustand der Rebellion und Auflehnung gegen Gott wird auch in der Hölle unverändert sein – die Chance ist dann vertan, ewiges Leben in Jesus Christus zu bekommen und von den Sünden gereinigt zu werden.

Gott fragt rhetorisch in der Bibel: *„Kann ein Kuschit [Anspielung auf dunkle Hautfarbe] seine Haut wandeln, ein Leopard seine Flecken?"* (Jeremia 13,23). Genau so, wie kein Mensch seine Hautfarbe und kein Tier sein Fellmuster ändern kann, kann auch kein Sünder seine Eigenschaft als Sünder ablegen. Um in den Himmel zu kommen, müssen wir jedoch sündlos sein und neues Leben aus Gott haben. Und einmal in der Hölle angekommen, gibt es keine Möglichkeit mehr, Vergebung und ewiges Leben zu erhalten.

Jesus sühnt unsere Sünden vor Gott!

Gott ist so gerecht, dass er den Sünder mit Tod und ewigem Gericht bestrafen muss. Die menschliche Vorstellung vom Abbüßen, die bei einer Verurteilung in Deutschland ausschlaggebend für die Strafe ist, gibt es bei Gott nicht. Die Sünden können nicht ungeschehen gemacht oder abgestottert werden.

Nun kommt Gottes großartiges Angebot für uns ins Spiel: Diese Sünden können vergeben werden. Wenn wir an Jesus Christus glauben, wäscht er uns von unseren Sünden rein und schenkt uns neues Leben.

Gott verspricht dir in der Bibel, dass du, wenn deine Sünden vergeben sind, so vor ihm stehst, als hättest du nie gesündigt. Du wirst dann *„umsonst gerechtfertigt durch seine Gnade, durch die Erlösung, die in Christus Jesus ist"* (Römer 3,24). Das bedeutet, du wirst nicht freigesprochen aufgrund eines Mangels an Beweisen, sondern weil du durch den Stellvertretertod von Jesus nun wirklich unschuldig bist.

Gott rechtfertigt dich aber nur, wenn du sein Urteil anerkennst, dass du wegen deiner Sünden den ewigen Tod verdient hast – und daran glaubst, dass Jesus Christus für dich gestorben ist und ihm deine Sünden bekennst.

Dieses Angebot gilt für jeden Menschen. Für alle, die es nicht annehmen, gibt es keine Chance, jemals aus der ewigen Trennung von Gott entlassen zu werden. Der letzte Teil der Bibel bestätigt uns dies an zwei Stellen: *„Und der Rauch ihrer Qual steigt auf von Ewigkeit zu Ewigkeit; und sie haben keine Ruhe Tag und Nacht"* (Offenbarung 14,11); *„und sie werden Tag und Nacht gepeinigt werden von Ewigkeit zu Ewigkeit"* (Offenbarung 20,10).

Verlass dich nicht auf vage Hoffnungen!

Hoffst du insgeheim darauf, dass die Strafe vielleicht doch nicht für immer andauern wird? Oder dass deine Seele einfach ausgelöscht wird nach dem Tod?

Lass dich nicht täuschen durch diese Illusionen. Sie sind nicht mehr als verzweifelte Hoffnungen von Menschen, die ihr Leben lieber ohne Gott leben wollen. Der heilige Gott muss als der gerechte Richter jeden Sünder ewig bestrafen. Die einzige Möglichkeit, dieses Urteil zu verhindern, ist der Glaube an Jesus Christus. Noch gilt das Angebot von Jesus Christus, dich vor diesem schrecklichen Ort zu bewahren. Noch.

Glaube an den Herrn Jesus,
und du wirst errettet werden.

Apostelgeschichte 16,32

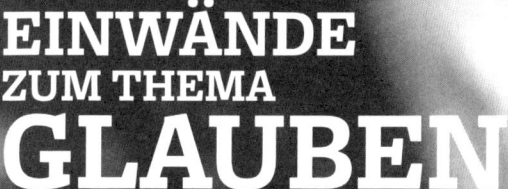

EINWÄNDE
ZUM THEMA
GLAUBEN

„Ich glaube nur das, was ich auch selbst geprüft habe und was bewiesen ist!"

Gehörst du auch zu denen, die nur das glauben, was sie sehen? Diesen Einwand haben tatsächlich viele Menschen. Nun, ich möchte diesen Standpunkt mit einem Vergleich illustrieren: Was hast du getan, als du das letzte Mal krank warst? Du bist zum Arzt gegangen, hast dir ein Rezept ausstellen, dir das Medikament vom Apotheker aushändigen lassen und es dann eingenommen, richtig? Das bedeutet doch, dass du dem Arzt, der dir das Medikament aufgrund seiner Einschätzung empfohlen hat, dem Pharmaunternehmen, das die Arznei hergestellt hat sowie dem Apotheker, der es aus dem Regal genommen hat, vertraut hast. Du hast ihnen vertraut, dass sie alles richtig machen.

Das ist nur ein Beispiel von vielen aus unserem Lebensalltag. Du vertraust dem Autohersteller, dass dein Auto nicht während der Fahrt auseinanderbricht. Du vertraust dem Koch deines Lieblingsrestaurants, dass er dein Essen nicht vergiftet. Du vertraust Autoren der Schulbücher, die dir berichtet haben, wie der Zweite Weltkrieg abgelaufen ist. Du vertraust dem Navi, dass es korrekt eingestellt wurde. Du vertraust der Kassiererin, dass sie dir kein Falschgeld herausgibt. Du glaubst den

Warnhinweisen an einem Strommast und probierst nicht aus, ob dort wirklich so viele Volt durchfließen. Du glaubst Experten, dass es tödlich enden kann, den Grünen Knollenblätterpilz zu essen, und prüfst deren Einschätzung nicht, indem du einfach mal einen Bissen zu dir nimmst.

Du glaubst, dass es Erdanziehungskraft, Wind und Strom gibt, obwohl du noch keins dieser Elemente wirklich gesehen hast. Was du spürst oder siehst, sind nur die Auswirkungen: Du merkst, dass etwas hinunterfällt, wenn du es hochhebst und loslässt, du siehst die Bäume, die sich im Wind biegen, du siehst das Licht der Lampe, die mit Strom betrieben wird. Es stimmt also einfach nicht, zu sagen, dass du nur das glaubst, was du siehst. du glaubst sehr vieles, was dir andere sagen oder empfehlen. Doch wie sieht es mit Gott aus? Wie kann ich ihn erleben und mich davon überzeugen, dass er existiert?

Jedes Produkt zeugt von einem Schöpfer

Vielleicht trägst du gerade ein T-Shirt oder ein anderes Kleidungsstück aus Baumwolle. Hast du eines Tages deinen Kleiderschrank geöffnet und – zack – da hing es plötzlich? Nein! Zuerst muss die Baumwolle geerntet werden, dann wird ein Baumwollstoff hergestellt und im letzten Schritt von Näherinnen zu dem Kleidungsstück verarbeitet, das du jetzt trägst. Niemand würde behaupten, dass diese Kleidungsstücke einfach so entstanden sind, niemand leugnet die Existenz von Baumwollpflückern, Herstellern von Stoffen und Näherinnen. Wir alle sind davon überzeugt, dass es sie gibt – einfach, weil wir das, was sie hergestellt haben, sehen und spüren können. Das Produkt beweist, dass

So wie dein T-Shirt belegt, dass es Näherinnen gibt, ist die Natur ein schlagender Beweis für die Existenz Gottes, der das alles erschaffen hat.

die Hersteller existieren. Und nun kommt der entscheidende Punkt: Bei Gott ist es genauso. Er sagt uns in der Bibel, dass er *„von Erschaffung der Welt an in dem Gemachten wahrgenommen [oder erkannt] werden"* kann (Römer 1,20).

Schau einmal aus dem Fenster. Was siehst du? Bäume, Gras, einen blauen Himmel, die Sonne (oder bei Nacht: Mond und Sterne), Wolken, Vögel, Wasser? Produkte, die die Existenz dessen beweisen, der sie geschaffen hat. Wenn wir die Natur betrachten, haben wir den stärksten Beweis dafür, dass es Gott gibt!

Ich erinnere mich noch gut an eine junge Frau, die zu mir sagte: „Es gibt keinen Gott, alles ist aus dem Nichts entstanden." Ich stellte ihr die Gegenfrage: „Was ist mit der Handtasche, die du unter dem Arm trägst? Ist die auch einfach so entstanden?" Ihre Antwort zeigt die Absurdität dieser Argumentation. Sie sagte: „Nein, natürlich nicht. Die hat jemand in einer Fabrik hergestellt!"

Merkst du, wie seltsam, ja, sogar unsinnig, es ist, bei von Menschen hergestellten Produkten einen Schöpfer zu vermuten, aber bei der unendlich weiten und komplexen Natur von Zufall oder einem Urknall auszugehen? Wenn du wirklich daran glaubst, dass alltägliche Gegenstände von Menschen hergestellt wurden, musst du dieses Prinzip auch konsequent auf die Natur übertragen.

Gott stellt uns in der Bibel an vielen Stellen vor, dass er der Schöpfer des Universums ist. *„Du hast einst die Erde gegründet, und die Himmel sind deiner Hände Werk"* (Psalm 102,26). *„Denn er sprach, und es war, er gebot, und es stand da"* (Psalm 33,9). Er möchte den Menschen durch seine Schöpfung zeigen, dass es ihn gibt. Jeder lebende Organismus zeugt von einem lebendigen Schöpfer: *„Aber frage doch das Vieh, und es wird es dich lehren; und die Vögel des Himmels, und sie werden es dir kundtun; oder rede zu der Erde, und sie wird es dich lehren; und die Fische des Meeres werden es dir erzählen. Wer würde nicht an diesen allen erkennen, dass die Hand des Herrn dies gemacht hat …?"* (Hiob 12,7-9).

Beispiel DNA: Gott ist der Schöpfer

Ein spezielles Beispiel aus der Natur zeigt besonders deutlich: Das muss einfach von Gott gemacht worden sein! Ein Blick in unsere DNA legt offen, wie gering die Wahrscheinlichkeit ist, dass alles ohne einen Schöpfer entstanden sein könnte. Das menschliche Genom, das 3,2 Milliarden Basenpaare enthält, entspricht ungefähr der Speicherkapazität einer CD-ROM. Bei einem Informationsgehalt von 2 bit pro Basenpaar ergibt das einen maximal möglichen Informationsgehalt von ungefähr 780 MB pro Gen – verdichtet auf einen 2 Nanometer dicken Faden, der in einem Zellkern von nur 5 bis 16 Mikrometern, also Tausendstel Millimetern, aufgerollt ist.

In dem Buch, das du gerade in der Hand hältst, passen ungefähr 1.300 Zeichen (Buchstaben sowie Leer- und Satzzeichen) auf eine Seite. Wir nehmen der Einfachheit halber an, ein Basenpaar würde eine Information (also ein Zeichen) enthalten. Bei 3,2 Milliarden Basenpaaren ergäbe das dann 2.461.538 Buchseiten.

Eine unvorstellbare Zahl. Würden wir also alle Basenpaare aus nur einem menschlichen Gen zu Papier bringen, hätten wir ein Buch, das 9846,2 Meter dick wäre. Das sind fast 10 Kilometer! Das „Human Genome Project" bietet eine Abschrift eines menschlichen Genoms zum Mitlesen an. Auf der folgenden Seite findest du einen kleinen Ausschnitt:

```
TAAGTGAACTGCTTTCTAGCAACTCCTGGCTCCTTGATTGTC
TTCTTAAAATCAGAAGCCACTGTATCATAAACAAACAGTAAT
AAACTTAGATGCTTCTTAAGTGCTTTAAACTTTGGGTTCAAA
TTTGAGCTGAGACTAAGACAGGTGGTGATGGTCAGAACATGT
GCTTTTTATTCTTTCAGAAAATTCCCTGTCCAACTCGCCGAT
GAGTGCATTTTTCTCTGAGTATAGCAAAACAAACAAAACCTT
TCACAAGAAATTCCACTTATGAGAAATAAAGAATGTAAGCAG
ACATGTTTTGGCTACAGCACTAGTTGTTAAAATACATGGGTA
TTCTTTCAACTGTAGTCATTCATTGACTTTACAAAAGCTGGG
CCCCATTTCTTACTTCTTACGCATACACAGATTTGTATATCT
AAATTTTTTAAAGTATAGCAATCTTAATAAATAGAATGAATG
GCTACTGAAATATTTCAGCTAAGAGAGAGAAAATCACACGTT
AATTAACTAGAATTTTATTTGTTTAAGCATACCAAGTAGGTG
CTATATCTGAGAAATAAAATAAGCCCTTTTGTATATAAGAAA
AAATTCCAGTGACTTTGGGCAGGAAACTAGTATTAACATTGT
ATTAATAGGTTGTCTTATTAGAGATCTGGATCCAATTCATCA
TATTTTCAGATTTAGTTAGGAATTTTTTTCTTTATCATTTAT
TTCCCTGAATATTTATATATATGCTTCTCAAGTTTGATTTAT
CTGCAAACTCCTGAAG*
```

Die gesamte Information des Genoms würde sich wie gesagt auf knapp 2,5 Millionen Buchseiten erstrecken. Wenn nur einer der Buchstaben falsch angeordnet ist, ist alles fehlerhaft. Nur ein einziger Fehler, und das Gen ist defekt. Kannst du dir vorstellen, dass so etwas durch Zufall entstehen kann? Du wirst mir zustimmen, dass dieses Buch in deiner Hand nicht entstehen konnte,

---

* Komplett nachzulesen bei: http://www.gutenberg.org/browse/authors/h#a856 (A, T, G und C entsprechen den DNA-Bausteinen Adenin, Thymin, Guanin und Cytosin)

ohne dass vorher die einzelnen Informationen als Buchstaben auf ein Blatt Papier gebracht wurden. Jede Information benötigt einen Sender – bei jedem Brief, den du erhältst, weißt du, dass diesen jemand geschrieben und versendet hat. Wie soll dann die DNA entstehen, mit noch viel mehr Informationen, wenn diese niemand zusammenfügt? Wenn du sagst, diese habe sich einfach entwickelt, könntest du auch ohne Probleme glauben, dass aus einem wilden Haufen Buchstaben mit der Zeit eine ganze Bibliothek wird. Erscheint dir das nicht unsinnig? Warum aber soll dann so die DNA entstanden sein?

Dies soll nur ein Beispiel von vielen sein, um zu zeigen, dass Gott als intelligenter Schöpfer in der Natur erkannt werden kann. Die hochkomplexen Produkte beweisen, dass da etwas völlig anderes als der Zufall und Millionen von Jahren beteiligt waren, nämlich Gott!

An dieser Stelle kommt unsere Verantwortung ins Spiel. Weißt du, was Gott mit der Möglichkeit verbindet, ihn in der Natur zu erkennen? Er teilt uns in der Bibel mit, dass er als der Schöpfer erkannt werden kann, *„damit sie ohne Entschuldigung seien"* (Römer 1,20). Niemand kann Gott vor dem Richterstuhl vorwerfen, er hätte sich ihm noch nie offenbart. Jeder Mensch kann in der Natur erkennen, dass es einen intelligenten Schöpfer gibt. Somit kann niemand sein Unwissen als Entschuldigung oder sogar zur Rechtfertigung eines sündigen Lebens vorbringen.

Ohne Gott kein Gewissen

Dieser Gedanke führt uns zu einem weiteren Grund, warum wir auch ohne sichtbaren Beweis auf Gott schließen können: unsere Moral (oder Gewissen). Gibt es absolute Werte darüber, was gut und böse ist, die praktisch in jedem Menschen verankert sind? Wie bewertest du das Handeln von Adolf Hitler? War das Ermorden von sechs Millionen Juden richtig? Wenn du auf diese Frage mit „Nein" antwortest, bestätigst du, dass es möglich ist, moralisch „Gut" und „Böse" zu unterscheiden.

Gibt es also so etwas wie absolute Werte, die jeder Mensch hat? Die Bibel bestätigt das tatsächlich: *„Denn wenn Nationen, die kein Gesetz haben, von Natur aus die Dinge des Gesetzes ausüben, so sind diese, die kein Gesetz haben, sich selbst ein Gesetz, solche, die das Werk des Gesetzes geschrieben zeigen in ihren Herzen, wobei ihr Gewissen mitzeugt und ihre Gedanken sich untereinander anklagen oder auch entschuldigen"* (Römer 2,14-15). Es ist erstaunlich, wie treffend Gottes Wort die Menschen beschreibt. Sie haben ein Gespür dafür, dass Mord und Vergewaltigung böse und zerstörerisch sind, und dennoch sind die Tageszeitungen voll davon. Und obwohl Krieg, Mord und Totschlag unsere Welt bestimmen, erscheinen diese Verbrechen uns als böse und strafbar, unabhängig von der Gesellschaft, in der wir leben.

Gott hat seinen Geschöpfen eine Moral beziehungsweise ein Gewissen gegeben (Römer 2,15) – dazu gehören
auch das Gerechtigkeitsempfinden und die Fähigkeit,
zwischen Gut und Böse zu unterscheiden. Diese Moral ist ein Hinweis auf die Existenz Gottes. Ohne einen
Schöpfer-Gott besteht kein Bedarf an Moral. In einer
evolutionistischen Weltanschauung setzt sich das Recht
des Stärkeren durch, nur die Besten überleben. Dann ist
Hitler, der am Fortbestehen der für ihn „besten" Rasse
interessiert war, auf einmal gar nicht mehr der Böse,
sondern derjenige, der treu nach seinen Prinzipien handelt. Und so, wie der Löwe die Gazelle töten darf, um zu
überleben, dürfte dann jeder Mensch in Klausuren ab-
schreiben, Steuern hinterziehen, Menschen ausrauben
oder gar umbringen – das Recht des Stärkeren und der
eigene Lebenserhaltungstrieb würden es erlauben.

Somit weist die Frage der Moral tatsächlich auf einen Gott hin. Der US-Amerikaner Dr. Ravi Zacharias
gab einmal einem Studenten, der genau das anzwei-
felte, folgende Antwort: „Wenn es so etwas wie das
Böse gibt, setzt man damit nicht voraus, dass es auch
so etwas wie das Gute gibt? Wahrscheinlich. Und wenn
es Gut und Böse gibt, muss es ein Sittengesetz geben,
aufgrund dessen man zwischen Gut und Böse unterscheiden kann. Wenn es ein Sittengesetz gibt, muss
man auch einen Sittengesetzgeber annehmen. Den
allerdings wollen Sie widerlegen und nicht beweisen.

Wenn es kein Sittengesetz gibt, gibt es auch nicht das Gute. Wenn es das Gute nicht gibt, gibt es das Böse auch nicht. Was ist dann eigentlich Ihre Frage?"*

Wenn du also ein Empfinden für Gut und Böse hast und bei bestimmten Taten ein schlechtes Gewissen bekommst, bestätigt das: Du bist ein Geschöpf Gottes, das in seinem Bild geschaffen wurde.

Welche Konsequenzen ergeben sich daraus?

„Okay, ich denke schon, dass Gott alles geschaffen hat – aber was nun?", sagst du vielleicht. Nun kommt das eigentlich Wichtige: Du musst akzeptieren, dass Gott nicht nur alles geschaffen hat, sondern dass er auch ein Gott ist, dem wir mit unseren Worten, Taten und Gedanken verantwortlich sind. Gottes gerechtes Urteil lautet: „Denn der Lohn der Sünde ist der Tod" (Römer 6,23), und jeder Mensch – auch du und ich – müsste deshalb von Gott bestraft werden. Aber der gleiche Schöpfer-Gott möchte nicht, dass du verloren gehst. Aus diesem Grund hat er seinen Sohn gesandt, damit dieser am Kreuz für das Böse sterben würde, das wir getan haben. Wenn du daran glaubst und das Urteil Gottes akzeptierst, wirst du errettet werden von einer schrecklichen Zukunft ohne Gott.

---

* Zacharias, Ravi (2005): Kann man ohne Gott leben?, Brunnen Verlag Gießen/Basel, S. 230-231

Glaubst du daran, dass es Gott gibt, auch wenn du ihn nicht als Person sehen kannst? Wenn du das Gefühl nicht loswirst, dass es „da etwas geben muss", dann lies in der Bibel. Du wirst Gott dort ganz persönlich kennenlernen und wirst spüren, dass er existiert und eine Beziehung mit dir aufbauen möchte. Glaube daran, dass es ihn gibt – und dass du Jesus Christus benötigst, um zu diesem großen Schöpfer zu kommen!

Die Himmel erzählen
die Herrlichkeit Gottes,
und die Ausdehnung verkündet
seiner Hände Werk. Psalm 19,2

... damit sie ohne Entschuldigung seien ...
Deshalb bist du nicht zu entschuldigen,
o Mensch. Römer 1,20; 2,1

„Ich glaube doch an Gott, das reicht ja wohl?"

Etliche Gespräche, die ich über die Bibel und den Glauben an Jesus Christus führen wollte, waren schon vorbei, noch bevor sie richtig angefangen hatten. Dabei lautete die Botschaft an mich oft: „Nein, ich brauche die Bibel nicht, ich glaube doch schon an Gott." Auf mein Nachfragen, ob sie denn wissen, wo sie nach dem Tod hingehen, bekam ich jedoch oft nur ein Schulterzucken als Antwort. „Wie bitte?", fragte ich dann behutsam nach: „Ihr glaubt an Gott, aber wisst nicht, ob ihr in den Himmel oder die Hölle geht?"

Vielleicht denkst du auch: „Moment mal, warum soll ich eigentlich dieses Buch lesen? Ich glaube doch schon an Gott, gehe sogar ab und zu in die Kirche." Ich freue mich, dass du dennoch dieses Kapitel liest, denn es enthält die ernste Warnung der Bibel: Nur zu glauben, dass Gott existiert, reicht niemals für den Himmel!

Gott macht uns schnell klar, dass es nicht genug ist, Gott einfach nur zu kennen: *„... weil sie, Gott kennend, ihn weder als Gott verherrlichten noch ihm Dank darbrachten ..."* (Römer 1,21).

Vielleicht glaubst du zwar, dass Gott die Erde erschaffen hat – aber verherrlichst du ihn auch als Gott?

> *Glaubst du nur an Gott oder auch an Jesus Christus als Retter, der für Sünden gestorben ist? An Jesus entscheidet sich alles!*

Akzeptierst du, dass Gott von uns erwartet, ein sündenfreies Leben zu führen, und dass jede Sünde ihn nicht nur verunehrt, sondern ein Schlag in sein Gesicht ist, eine schlimme Beleidigung für ihn? Im Kontext des angeführten Bibelverses spricht Gott über Gottlose, deren Zukunft in der ewigen Gottesferne sein wird. Gott zu verherrlichen bedeutet, ein Leben zu leben, das ihn verehrt. Ist dein Leben davon gekennzeichnet, Gottes Willen zu tun?

Was bedeutet es, an Gott zu glauben?

Gott zu verherrlichen bedeutet noch mehr, als nur das zu tun, was er möchte – es bedeutet auch, das *nicht* zu tun, was er hasst: *„Sie geben vor, Gott zu kennen, aber in den Werken verleugnen sie ihn und sind abscheulich und ungehorsam und zu jedem guten Werk unbewährt"* (Titus 1,16). Wenn wir bewusst abscheuliche Werke tun, verleugnen wir Gott – Verleugnung ist das bewusste Nicht-Kennen-Wollen einer Person. Wenn du also mit deinem Mund sagst: „Ich kenne Gott", und gleichzeitig mit deinen Taten zeigst, dass dir Gottes Wille für dein Leben egal ist, und weiter sündigst, leugnest du ihn.

Gott zu kennen und zu wissen, dass er existiert, reicht nicht aus, um in den Himmel zu kommen. Letztlich entscheidet sich alles an der Person seines Sohnes Jesus Christus. Wenn du an Gott glaubst – wie sieht es mit Jesus aus? Glaubst du an Jesus als den Sohn Gottes, der auf die Erde gekommen ist, um hier für die Sünde und die Sünder zu sterben? Es ist unmöglich, an Gott zu glauben und Jesus nicht zu akzeptieren: *„Jeder, der den Sohn leugnet, hat auch den Vater nicht ..."* (1. Johannes 2,23). *„Wer den Sohn hat, hat das Leben; wer den Sohn Gottes nicht hat, hat das Leben nicht"* (1. Johannes 5,12).

Es wird einmal einen Zeitpunkt geben, zu dem jeder Mensch – ohne Ausnahme, auch der überzeugteste Atheist – Jesus Christus als Herrn akzeptieren muss: *„.... damit in dem Namen Jesu jedes Knie sich beuge, der Himmlischen und Irdischen und Unterirdischen, und jede Zunge bekenne, dass Jesus Christus Herr ist, zur Verherrlichung Gottes, des Vaters"* (Philipper 2,10.11). Doch dann wird es für eine Umkehr zu Gott zu spät sein! Gott erwartet von uns in diesem Leben, ihn nicht nur als Schöpfer irgendwie anzuerkennen, sondern als den, der einen berechtigten Anspruch an uns hat. Da wir die Erwartungen Gottes nicht erfüllt und gegen ihn gesündigt haben, hat er seinen Sohn Jesus Christus gesandt, damit er *„die Sünde der Welt wegnimmt"* (Johannes 1,29). Der Glaube an Jesus Christus ist die einzige Chance, mit Gott ins Reine zu kommen.

Gottes Sohn Jesus Christus ist das größte Geschenk, das Gott uns jemals anbieten konnte: *„Gott sei Dank für seine unaussprechliche Gabe!"* (2. Korinther 9,15). Weißt du, dass du durch das Ablehnen von Jesus Gott im Grunde genommen sagst, dass du ihn gar nicht kennen möchtest? *„Oder verachtest du den Reichtum seiner Güte und Geduld und Langmut und weißt nicht, dass die Güte Gottes dich zur Buße leitet?"* (Römer 2,4).

Ein mittelloser, aber begabter Student bekommt ein Voll-Stipendium angeboten und lehnt es einfach ab. Wie enttäuscht sind diejenigen, die ihm das Studium ermöglichen wollten! Ein Obdachloser erhält eine Villa nicht nur geschenkt, sondern der Wohltäter sagt ihm zu, auch noch alle laufenden Kosten zu zahlen – aber der Obdachlose nimmt es nicht an. Was für ein Affront gegen den großzügigen Geber! Ein lebensbedrohlich Erkrankter weigert sich, die notwendige Operation vornehmen zu lassen. Welche Enttäuschung für die Ärzte, die ihn behandeln wollen!

Weit gravierender ist es, das Angebot auszuschlagen, durch den Glauben an Jesus Christus mit Gott versöhnt zu werden. Es ist eine Verachtung Gottes! Jemand, der ein anständiges Leben zu führen meint, vielleicht brav zur Kirche geht und denkt, das reiche aus, um Gott zu kennen, lehnt in Wirklichkeit Gott ab. Er akzeptiert nicht, was Gott ihm mitteilt: Dass er ein Sünder ist und das Gericht verdient hat, wenn er nicht aufrichtig die Schuld seines Lebens vor Gott bekennt und Jesus als seinen persönlichen Retter annimmt.

Glaubst du an Gott nur als den, der wohl irgendwo existiert – oder bist du dir bewusst, dass du ihn durch deine Sünde verunehrt hast und er von dir erwartet, zu ihm umzukehren und deine Sünden zu bekennen? Nur wenn Gott für dich mehr ist als eine „ferne, göttliche Macht", kannst du gerettet werden.

Wie Gott auf Menschen reagiert, die nur vorgeben, ihn zu kennen, erzählt Jesus im folgenden Gleichnis: *„Es sprach aber jemand zu ihm [zu Jesus]: Herr, sind es wenige, die errettet werden? Er aber sprach zu ihnen: Ringt danach, durch die enge Tür einzugehen; denn viele, sage ich euch, werden einzugehen suchen und es nicht vermögen. Von da an, wenn der Hausherr aufsteht und die Tür verschließt und ihr anfangt, draußen zu stehen und an die Tür zu klopfen und zu sagen: Herr, tu uns auf!, und er antworten und zu euch sagen wird: Ich kenne euch nicht, woher ihr seid – dann werdet ihr anfangen zu sagen: Wir haben vor dir gegessen und getrunken, und auf unseren Straßen hast du gelehrt. Und er wird sagen: Ich sage euch, ich kenne euch nicht, woher ihr seid; weicht von mir, alle ihr Übeltäter!"* (Lukas 13,23-27). Die Leute im Gleichnis waren überzeugt, den Hausherrn zu kennen. Immerhin hatte er sie essen und trinken sehen. Aber reichte das aus? Nein, leider nicht!

Es geht darum, dass du eine lebendige Beziehung zu Gott hast – das geschieht dadurch, dass du dir bewusstmachst, wer er wirklich ist. Nicht einfach nur ein Gott, der in der Kirche wohnt und froh darüber ist, uns an Ostern und Weihnachten dort zu sehen. Nicht einfach ein Gott, der für die alten und kranken Leute zuständig ist. Nein, Gott ist der Gott, dem du und ich Rechenschaft für unser Verhalten schuldig sind – *„denn so hat Gott die Welt geliebt, dass er seinen einzigen Sohn gab, damit jeder, der an ihn glaubt, nicht verloren geht, sondern ewiges Leben hat"* (Johannes 3,16).

Die Bibel sagt klar, dass es nicht ausreicht, an Gott zu glauben. In Jakobus 2,19 wird gezeigt, dass sogar die Dämonen glauben – und sie werden sicher nicht in den Himmel kommen. Es ist zu wenig, einfach nur zu glauben, dass Gott existiert.

Glaubst du wirklich an ihn?

Wenn du bisher immer davon ausgegangen bist, Gott schon zu kennen, aber jetzt spürst, dass du noch keine lebendige Beziehung zu ihm hast, möchte ich dich warnen, mit dieser verschwommenen Vorstellung in die Ewigkeit zu gehen. Der wahre Gott wartet darauf, dass du ihn kennenlernst und ihm deine Sünden bekennst. Dann wirst du feststellen, dass Gott dein Vater wird (1. Johannes 3,1). Dies kann jedoch nur durch den persönlichen Glauben an den Sohn Gottes Jesus Christus geschehen – Jesus selbst sagt: *„Ich bin der Weg und die Wahrheit und das Leben. Niemand kommt zum Vater als nur durch mich"* (Johannes 14,6).

Möchtest du nicht *wirklich* an Gott glauben?

Dann wird das Reich der Himmel zehn Jungfrauen gleich werden, die ihre Lampen nahmen und ausgingen, [Jesus Christus] entgegen. ... Später aber kommen auch die übrigen Jungfrauen und sagen: Herr, Herr, tu uns auf! Er aber antwortete und sprach: Wahrlich, ich sage euch, ich kenne euch nicht.

Matthäus 25,1.11-12

„Ich habe doch schon einmal zu Jesus gebetet und alles bekannt, ich bin ja schon errettet!"

Als ich einmal eine Frau ansprach und ihr eine Bibel anbot, sagte sie: „Brauche ich nicht mehr, ich habe Jesus schon vor zehn Jahren alles bekannt." Freudig erwiderte ich: „Oh, das freut mich. Liest du denn jetzt viel in der Bibel?" Ihre Antwort weckte aber Zweifel bei mir, ob sie es ernst gemeint hatte, denn sie sagte: „Nein, ich glaube nicht so sehr daran. Ich glaube, es gibt gar keine Hölle; ich denke auch, Gott sieht das mit der Sexualität nicht so eng, und das finde ich gut so."

Diese Frau hatte zwar einmal zu Jesus gebetet, ihr alles zu verzeihen. Aufgrund ihrer Worte und ihrer Einstellung war ich mir aber nicht sicher, ob sie eine Lebensverbindung zu Jesus Christus hatte. Denn sie glaubte nicht einmal das, was Jesus in der Bibel über die Hölle sagt, und machte ihn somit zu einem Lügner (1. Johannes 5,10).

Mir geht es nicht darum, über diese Frau zu urteilen, weil mir das gar nicht zusteht. Vielmehr möchte ich zeigen, dass es nicht ausreicht, einfach nur zu Jesus zu beten und „Verzeihung" zu sagen. Die Bibel spricht davon, dass wir Buße tun müssen, um gerettet zu werden. Doch was ist Buße? Wir kennen den Begriff höchstens noch im Zusammenhang mit Vergehen im Straßenverkehr, wenn unser Portmonnaie betroffen ist. Wir haben dann ein Bußgeld zu zahlen und sollen damit unsere schlechte Tat wiedergutmachen. In der Bibel meint „Buße" aber etwas anderes. „Buße" lässt sich am besten mit „innerer Lebensumkehr" definieren. Wenn Jesus in Israel umherzog und die Menschen aufforderte, Buße zu tun, dann forderte er sie mit anderen Worten auf: „Kehrt um zu Gott!"

Ein kleines Beispiel zur Veranschaulichung, was „Buße" in der Bibel meint: Wenn ich etwas stehle, mich bei dem Bestohlenen entschuldige und ihn direkt anschließend wieder bestehle, war meine Entschuldigung wohl nicht ernst gemeint. Wenn ich jedoch danach aufhöre zu stehlen, ihm das Gestohlene ersetze und mich zum Guten ändere – dann habe ich Buße getan. Das Bekenntnis war echt und lebensverändernd. Echte Buße zeichnet sich nicht nur dadurch aus, dass ich meine Sünden bekenne, sondern dass in meinem Leben eine echte Sinnesänderung sichtbar wird. Buße bedeutet „180°-Umkehr", ein Bruch mit dem alten Leben und ein ganz neuer Start unter Gottes Führung. Ich gebe das Steuer meines Lebens ab, das ich bisher ohne Gott gelebt habe, und sage ihm, dass ich von jetzt an so leben möchte, wie es ihm gefällt.

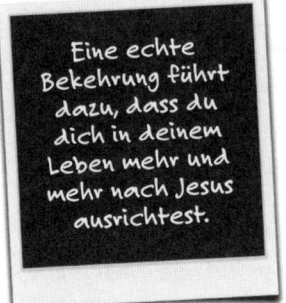

Eine echte Bekehrung führt dazu, dass du dich in deinem Leben mehr und mehr nach Jesus ausrichtest.

Umkehren – nicht nur ein Gebet plappern!

Umkehr bedeutet, Jesus Christus zu vertrauen, seinen Worten zu glauben, das Leben anhand der Bibel auszurichten, das Böse zu hassen (Sprüche 8,13) und von nun an den Wunsch zu haben, nicht mehr zu sündigen. Wahre Umkehr und ein aufrichtiges Sündenbekenntnis verändern unser Leben – *„Jeder, der den Namen des Herrn nennt, stehe ab von der Ungerechtigkeit"* (2. Timotheus 2,19). Christen verlieren leider nicht die Fähigkeit, zu sündigen, auch wenn sie mit der Kraft Gottes theoretisch ohne Sünde leben könnten (Römer 7,18). Aus Dankbarkeit gegenüber ihrem Retter Jesus Christus sollte in ihrem Leben jedoch das Bestreben zu sehen sein, Gott zu ehren, ihr Leben nach ihm auszurichten und nicht mehr zu sündigen. – Ist dies bei dir der Fall? Ist etwas davon zu spüren, dass du tatsächlich Buße getan hast?

Was bedeutet es eigentlich, die Sünden zu bekennen?

Schon recht oft bin ich in Gesprächen dem Einwand begegnet, dass ein Bekenntnis-Gebet zu Jesus schon einmal stattgefunden hat und dies doch sicher ausreicht. Die Bibel sagt: *„Wenn wir unsere Sünden bekennen, so ist er [Gott] treu und gerecht, dass er uns die Sünden vergibt und uns reinigt von aller Ungerechtigkeit"* (1. Johannes 1,9). Reicht das Sündenbekenntnis aus, um von Gott angenommen zu werden? Ja, aber es muss ehrlich und aufrichtig gemeint sein.

Nach allem, was die Bibel über das Herz sagt – und damit ist nicht das Organ gemeint, sondern unsere innere Entscheidungszentrale – ist meine Herzenshaltung ausschlaggebend. Wenn ich mit dem Mund sage: „Verzeih mir!", und dabei denke: „Ich mach das jetzt nur, weil andere das von mir fordern und damit mein Gewissen ruhiger wird; in Wahrheit will ich ja mein sündiges Leben so weiterleben." – Wie wird Jesus dieses Bekenntnis beurteilen? Kann er es als aufrichtig und ehrlich annehmen? Sicher nicht. Die ausgesprochene Bitte um Vergebung muss zum Herzenszustand passen (Römer 10,9). Jesus selbst bestätigt das mit den Worten: *„Nicht jeder, der zu mir sagt: ‚Herr, Herr!', wird in das Reich der Himmel eingehen, sondern wer den Willen meines Vaters tut, der in den Himmeln ist"* (Matthäus 7,21). Die Herzenshaltung wird sich dann im weiteren Leben beweisen.

Nur einfach zu sagen, Jesus möge dir die Sünden verzeihen, reicht nicht. Eine echte Bekehrung führt automatisch dazu, dass du dich in deinem Leben nach dem Herrn Jesus ausrichtest. Verurteilst du also dein Leben ohne Gott, das du vor dem Bekenntnis deiner Sünden geführt hast, und versuchst, dich mit Gottes Hilfe zu ändern? Merkt man an deiner Lebensführung, dass du es ernst meinst?

Gab es eine wirkliche Umkehr?

Schauen wir uns einmal etwas konkreter an, was es bedeutet, eine 180°-Umkehr zu machen: Nimmst du Gottes Maßstäbe aus der Bibel an und akzeptierst du seine Beurteilung von Sünde? Oder ignorierst du vielleicht bewusst, dass die Bibel Sex außerhalb der Ehe verurteilt? Gehst du weiter gern ohne schlechtes Gewissen auf Partys, betrinkst dich am Wochenende oder machst sogar vor Drogen nicht Halt? Gibst du dein Geld nur für Zigaretten, Urlaub, Kino und Fitnessstudio aus, während deine Bibel verstaubt im Regal liegt? Die Bibel fragt herausfordernd: *„Wir, die wir der Sünde gestorben sind [durch eine echte Bekehrung], wie sollten wir noch darin leben?"* (Römer 6,2).

Wenn ich daran glaube, dass Jesus für mich gestorben ist, und ihm meine Sünden bekenne, passt es nicht zu diesem Retter und Herrn, wenn ich mein altes Leben einfach weiterlebe wie bisher. Nein, ich bin bemüht, diesem Jesus, dem ich das ewige Leben verdanke, mit meinem Leben zu gefallen und ihm durch mein Verhalten Freude zu machen.

Das ist ja schon bei menschlichen Rettern so. Oder würdest du einer Person, die dich nach einem Unfall wiederbelebt hat, nicht auch herzlich danken und ihr gern Freude machen? Bei Jesus, der uns vor einer Zukunft in der ewigen Gottesferne bewahren möchte, trifft dies noch viel mehr zu.

Wie sieht es bei dir aus?

Hast du dem Herrn Jesus bereits deine Sünden bekannt? Meinst du es ernst, dass du deine Sünden bereust und von nun an mit Jesus und zu seiner Ehre leben möchtest? Dann lass dich nicht verunsichern: Gott möchte dir Gewissheit des Heils schenken!

Nachdem nun Gott die
Zeiten der Unwissenheit übersehen hat,
gebietet er jetzt den Menschen,
dass sie alle überall Buße tun sollen,
weil er einen Tag festgesetzt hat,
an dem er den Erdkreis richten wird.

Apostelgeschichte 17,30.31

So tut nun Buße und bekehrt euch,
damit eure Sünden ausgetilgt werden.

Apostelgeschichte 3,19

19

„Glaube ist doch total der Selbstbetrug!"

Das 18-jährige Mädchen, dem ich eine Bibel schenken wollte, antwortete mit genau diesem Einwand. Mein Glaube war für sie nur ein riesiges Hirngespinst. Ich hätte mir das alles nur eingeredet – beziehungsweise meine Eltern hätten mir das so beigebracht und ich würde mich jetzt selbst betrügen, indem ich dieser Lüge hinterherrenne. Ist das so? Wenn wir der Bibel glauben und uns ganz auf Jesus Christus stützen – geben wir uns einer Illusion hin und werden bitter getäuscht?

Vertraust du deinem Arzt?

Stell dir vor, dein Bein ist gebrochen – offener Bruch, der Knochen schaut heraus. Ein Mitpatient, der dir im Flur des Krankenhauses entgegenkommt, gibt dir folgenden Rat: „Du musst nur ganz fest daran glauben, dass der Knochen wieder verheilt und du losrennen kannst. Dann funktioniert das!"

Der behandelnde Arzt wird sicher anders vorgehen. Er wird das Bein operieren, nachdem er es untersucht hat. Er wird es danach schienen oder gipsen, wird dir Krücken besorgen und dir mitteilen, was du vermeiden musst, damit der Knochenbruch möglichst schnell

Du vertraust normalerweise denen, die vertrauenswürdig sind. Hast du schon geprüft, ob Gott vertrauenswürdig ist?

heilt. Wem von beiden wirst du eher Glauben schenken? Beide erwarten, dass du ihre Ratschläge befolgst, beide meinen, das beste Heilungsrezept zu haben. Wem würdest du vertrauen? Dem Patienten oder dem Arzt, der genau weiß, was er zu tun hat? Ich vermute, du würdest dem Arzt dein Bein anvertrauen und daran glauben, dass er das Richtige tut. Und warum? Weil du Vertrauen (Glauben) zu ihm hast.

Dieses Beispiel macht deutlich, worum es beim Glauben und Vertrauen geht. Relevant ist die Frage, ob mein Glaube berechtigt ist oder eben nicht. Der Glaube an den Ratschlag des Mitpatienten wäre absolut unberechtigt, da ein solches blindes und naives Vertrauen niemals zur Heilung führen kann. Aber ein Glauben an den Arzt, der die richtige Behandlungsmethode anwendet, wäre berechtigt. Der Arzt ist vertrauenswürdig.

Ein weiteres Beispiel: Das Haus, in dem du gerade bist, brennt, die Treppe ist nicht mehr passierbar und du stehst im fünften Stock am Fenster. Wenn ein Passant dir von unten zuruft: „Glaube nur fest daran, dass du fliegen kannst!" – würdest du springen? Vermutlich nur, um zu versuchen, mit einigen Knochenbrüchen davonzukommen – jedoch nicht, weil du dem Nachbarn glaubst, dass du tatsächlich fliegen und unverletzt auf der Erde landen kannst. Wenn der Feuerwehrmann mit seinen Kollegen unten jedoch ein Sprungtuch ausbreitet und dich aufforderst, zu springen, würdest du das sicher tun. Der Feuerwehrmann ist vertrauenswürdig.

So geht es auch beim Glauben an Jesus Christus darum, ob du ihm, den Sohn Gottes, vertraust. Jesus ist viel mehr als ein Arzt, der einen gebrochenen Knochen heilen kann. Ihm geht es darum, *„zu suchen und zu erretten, was verloren ist"* (Lukas 19,10). Jesus ist vertrauenswürdig, weil er als Mensch auf der Erde niemals eine Sünde getan und bewiesen hat, dass wir Menschen unendlich wichtig für ihn sind. Er hat seine Vertrauenswürdigkeit damit bewiesen, dass er das tat, was er lehrte. Er ist für seine Feinde gestorben – für dich und mich!

Deine Entscheidung für den Glauben an Gott hat folglich immer mit der Frage zu tun: Hätte mein Glaube eine *berechtigte* Grundlage?

Es geht darum, ob ich mich bei meinen Glaubensaussagen auf irgendetwas stützen kann, das mir Sicherheit gibt. Wenn wir uns beispielsweise die Frage stellen, ob Gott die Welt geschaffen hat oder ob Evolution am Werk war, hast du zwei Möglichkeiten: Entweder du glaubst der Bibel oder nicht. Ich gebe zwei Zitate von Wissenschaftlern wieder, die ihren Glauben an die Evolution folgendermaßen begründen:

- „Die Evolutionstheorie ist unbewiesen und unbeweisbar. Wir glauben aber daran, weil die einzige Alternative dazu der Schöpfungsakt eines Gottes ist, und das ist undenkbar." – Sir Dr. Arthur B. Keith (schottischer Anatom und Anthropologe in „The Antiquity of Man" – London 1925)

- „Wir schlagen uns auf die Seite der Wissenschaft, trotz der offenkundigen Absurdität mancher ihrer Konstrukte ... denn wir können einen göttlichen Fuß in der Tür nicht zulassen." – Prof. Dr. Richard C. Lewontin (09.01.1997, Evolutionsbiologe, New York Review)

Ist so eine Sichtweise vertrauenswürdig? Stützt du dich auf Aussagen von Personen, die dich beruhigen? Oder geht es dir wirklich darum, die Wahrheit zu erfahren?

Ein Gedankenspiel: Du schleppst dich durch die Wüste. Deine Flasche ist leer, du bist kurz vor dem Verdursten. Plötzlich siehst du in der Ferne einen Brunnen. Aber ist das auch tatsächlich ein Brunnen – oder nicht eher eine Fata Morgana, die dich nur täuscht? Ich vermute (zumindest wäre das in meinem Fall so), du würdest hingehen und selbst ausprobieren, worum es sich handelt. Wenn es tatsächlich ein Brunnen ist, überlebst du!

Wag den Sprung zum Glauben!

Möchtest du weiter dabei stehenbleiben, dass du denkst, es handele sich nur um eine Täuschung, um eine Fata Morgana? Oder möchtest du selbst ausprobieren, ob das alles tatsächlich wahr ist?

Bist du so mutig, dich auf die Bibel einzulassen und sie zu lesen? Ich kann dir versprechen, dass Gott einen solchen Glauben beantworten wird: *„Wer Gott naht, muss glauben, dass er ist und denen, die ihn suchen, ein Belohner ist"* (Hebräer 11,6).

Glaube an Jesus Christus, der durch seine Worte und Taten, und durch sein sündloses Leben bewiesen hat, dass er der Sohn Gottes ist. Durch seinen Tod hat er zudem deutlich gezeigt, dass er in deinem Interesse und für dich auf dieser Erde war – um dich von deinen Sünden zu erretten und dir ewiges Leben zu schenken. Du wirst eine so mutige Entscheidung niemals bereuen!

Da sprach Jesus: Wollt ihr etwa auch weggehen? Simon Petrus antwortete ihm: Herr, zu wem sollen wir gehen? Du hast Worte ewigen Lebens; und wir haben geglaubt und erkannt, dass du der Heilige Gottes bist. Johannes 6,67-69

„Ist das Christenleben nicht todlangweilig?"

Dieser Einwand ist einer derjenigen, die ich wahrscheinlich mit am häufigsten gehört habe. Ein Christenleben ist doch ein Leben, in dem man nichts mehr darf, oder? Ein Leben, in dem man nur langweilige Dinge tun und auf jeden Spaß verzichten muss, nicht wahr? So denken viele, du vielleicht auch. Klar, dass gerade junge Leute richtig Spaß haben wollen – Zeit für Religiosität hätten sie dann im Alter immer noch, denken sie.

Drei Gründe möchte ich anführen, um dir zu verdeutlichen, warum ein Leben als Christ alles andere als langweilig sein muss.

Grund 1: Der Sinn von Leitplanken

Vor ein paar Jahren war ich auf dem Weg zu einem Seminar an der Universität, als ich auf einer glitschigen Straße plötzlich ins Rutschen kam und die Kontrolle über mein Auto verlor. Ich erinnere mich noch genau, wie es durch den Aufprall in die Leitplanke zerstört wurde. Natürlich habe ich mich damals zunächst sehr darüber geärgert, dass mein Wagen einen Totalschaden hatte. Aber nachdem ich gesehen hatte, dass ich ohne diese Leitplanke in einen metertiefen Abgrund gefallen wäre, wurde mir bewusst, warum diese genau dort standen: Um mich vor einem weitaus schlimmeren Unfall zu schützen!

Und so ist es auch mit Gottes Geboten – sie sind nicht da, um uns zu ärgern. Gott ist kein Spielverderber, sondern jemand, der uns beschützen möchte.

Sein Verbot des Tötens soll Menschen vor Trauer schützen. Sein Verbot eines sexuell freizügigen Lebens mit wechselnden Partnern soll einerseits vor Geschlechtskrankheiten und dem Gefühl des „Missbraucht-Werdens" schützen, andererseits aber auch eine Treuebeziehung zu einem geliebten Menschen ermöglichen und dafür sorgen, dass Kinder im Schutz und in der Geborgenheit einer Familie mit Mutter und Vater aufwachsen können.

Sein Verbot, neidisch auf andere Menschen zu sein, bewahrt uns davor, unglücklich zu werden. Bei jedem einzelnen Gebot geht es darum, dass Gott uns vor etwas Negativem bewahren möchte (vgl. 5. Mose 10,13).

Grund 2: Das Gegenteil von Langeweile

Viele Leute sind heutzutage extrem gelangweilt. Zeigen nicht die vielen Angebote unserer Erlebnisgesellschaft (Musik, Film, Sport, Partys etc.), dass es im Leben zuerst einmal darum gehen soll, jede freie Sekunde mit Spaß zu füllen? Genau das ist es: Spaß! Spaß als Gegenteil der ätzenden Langeweile! Aber wie kommt es dann, dass viele nach einer spaßigen Nacht im Club morgens mit Kater und innerlich leer aufwachen? Wie kommt es, dass so viele reiche und scheinbar glückliche Menschen unglücklich sind? Warum gibt es so viele Selbstmorde unter Menschen der High Society?

Ich bin überzeugt, dass es an Folgendem liegt: Spaß ist nicht wahre Freude und erst recht nicht Sinnerfüllung, er gibt dem Leben keine echte Bedeutung.

Wenn der Sinn des Lebens nur darin besteht, Geld anzuhäufen, kann ein plötzlicher Börsencrash das ganze Leben leer machen. Wenn es Menschen nur darum geht, das Leben durch Sex zu bereichern, erscheint es plötzlich gar nicht mehr so toll, wenn sie nach einem Unfall ans Krankenbett gefesselt sind. Geht es nicht um viel mehr als nur um Vergnügen? Ich kann aus eigener Erfahrung sagen, dass erst das Wissen von einem Gott, der mein Leben in seiner Hand hält, wahre Erfüllung gibt. Dann besitze ich etwas, das meinem ganzen Leben Sinn gibt – unabhängig von den Umständen. Wahre Freude ist bleibend. Ein leerer Morgen mit Kopfschmerzen, Kater und keiner anderen Hoffnung als das nächste Konzert oder Fußballspiel ist gewiss nicht das, was dich wirklich dauerhaft glücklich und froh machen kann. Ein Leben in der Gemeinschaft mit Gott – das ist es, was dich wirklich zufrieden macht: *„Du [Gott] hast*

Freude in mein Herz gegeben, mehr als zu der Zeit, als es viel Korn [Nahrung] und Most [Alkohol] gab" (Psalm 4,8).

Grund 3: Die Perspektive über das Leben auf der Erde hinaus

Der dritte Grund schließt an den zweiten an. Wenn wir tatsächlich nur 80 Jahre leben und danach alles aus sein sollte, ist es logisch, auf vergängliche Dinge Wert zu legen. Dann sind Themen wie Spaß, Alkohol, Party und Sex hochaktuell. Wie wir jedoch schon weiter oben gesehen haben, sind diese 80 Jahre (wenn es überhaupt so viele werden) nur ein unvorstellbar kleiner „Teil" des gesamten Daseins. Denn danach folgt eine Ewigkeit – eine „Zeit" ohne Ende –, die du und ich entweder im Himmel oder in der Hölle verbringen werden.

Nun macht die Bibel sehr deutlich, dass dein Leben auf der Erde Einfluss auf dein Leben nach dem Tod hat. Deine Entscheidung für oder gegen Gott in diesen 80 Jahren bestimmt, wo du die Ewigkeit verbringen wirst.

Genau das gibt Sinn im Leben von wahren Christen: Das Wissen darum, dass es um mehr geht als die Zeit bis zu unserem Tod! Es geht darum, Jesus Christus kennenzulernen und zu verstehen, dass er für dich und mich am Kreuz gestorben ist. Und warum? Um uns zu erretten und damit eine Perspektive zu schenken, die weit über das Leben auf der Erde hinausgeht. Eine

Perspektive, die mehr gibt als leere Versprechungen und sinnloses Jagen nach vergänglichen Dingen. Diese Perspektive lautet: Ein Leben in der Gegenwart von Jesus Christus, der uns so sehr geliebt hat, dass er für uns gestorben ist. Jesus selbst verspricht: *„Wer an mich glaubt, wird leben, auch wenn er stirbt"* (Johannes 11,25). Gibt diese Perspektive nicht einen tiefen Sinn für unser Leben – und damit verbunden, eine tiefe und bleibende Freude?

Und er machte sich auf
und ging zu seinem Vater.
Als er aber noch fern war,
sah ihn sein Vater und wurde
innerlich bewegt und lief hin
und fiel ihm um den Hals und
küsste ihn sehr.
Der Sohn aber sprach zu ihm:
Vater, ich habe gesündigt gegen
den Himmel und vor dir. ...
Und sie fingen an, fröhlich zu sein.

Lukas 15,20.21.24

EIN-
WÄNDE
ZUM
THEMA
HIMMEL

„Ich denke, Gott lässt mich in den Himmel, weil ich schon viel Gutes getan habe!"

Stell dir vor, du fährst bei Rot über die Ampel und wirst von der Polizei angehalten. Wie groß ist nun deine Chance, ungeschoren davonzukommen, wenn du zu dem Polizisten sagst: „Ich habe bei den letzten 10.000 roten Ampeln brav angehalten. Können wir deshalb dieses Mal nicht ein Auge zudrücken?" – Klar, dass dieser Versuch scheitert. Nach unserem Rechtssystem werden wir für das bestraft, was wir begangen haben.

Warum kommen wir also bei Gott auf den Gedanken, er würde wegen guter Taten ein Auge zudrücken? Die Bibel betont, dass niemand aufgrund guter Werke gerettet wird: *„[Gott errettete] uns, nicht aus Werken, die, in Gerechtigkeit vollbracht, wir getan hatten, sondern nach seiner Barmherzigkeit"* (Titus 3,4.5).

Wäre das gerecht?

Viele Menschen haben leider eine ziemlich merkwürdige Vorstellung von Gottes Gerechtigkeit. Sie sagen: „Ach, Gott ist doch sicher so gerecht, dass ich meine

Sünden mit guten Taten ausgleichen kann!" Aber wäre das überhaupt gerecht und fair?

Machen wir ein kleines Gedankenexperiment: Halte dir einmal die Person vor Augen, die dir am meisten bedeutet. Vielleicht dein Ehepartner, ein Freund, ein Verwandter, deine Eltern oder möglicherweise dein Kind. Nun stell dir vor, diese Person würde umgebracht werden. Der Mörder wird gefasst und vor Gericht gestellt. Du sitzt als Kläger mit in der Gerichtsverhandlung und hörst zu, wie der Richter zur Urteilsverkündigung schreitet. Er sagt: „Der Angeklagte ist schuldig. Aber er hat in seinem bisherigen Leben tadellos gelebt, viel Geld gespendet und vielen Menschen geholfen. Deshalb wird er freigesprochen. Seine guten Taten haben uns davon überzeugt, dass er für den Mord nicht belangt werden sollte!"

Wie unfassbar schlimm wäre das für dich! Du würdest sicher aufschreien, weil der Mörder eines geliebten Menschen einfach so freikommt. Und das bloß, weil er Gutes getan hat? Das wäre doch eine unvorstellbare Ungerechtigkeit!

Ich hoffe, du stimmst mir nun zu, dass ein Aufwiegen von guten und schlechten Taten absolut unfair wäre. Leider unterstellen wir dem gerechten Gott aber exakt dieses ungerechte Handeln, wenn wir meinen, er würde unsere schlechten Taten durch unsere guten auslöschen. Das Aufrechnen von guten und bösen Taten funktioniert nicht. Und so wird Gott, der ein unbestechlicher und gerechter Richter ist, einmal jeden Menschen für dessen Sünden bestrafen. Die Hoffnung, durch gute Werke vor Gott zu bestehen, ist nicht mehr als eine Illusion und wiegt Menschen in falscher Sicherheit.

Wenn ich meine, mir durch gute Taten den Himmel verdienen zu können, zeigt die Bibel mir, wie Gott über meine Sünden denkt. Er vergleicht sie mit einem schrecklichen Ausschlag, der meine ganze Haut rötet und mit Eiter überzieht. Werde ich nun etwa dadurch gesund, dass ich mich anziehe und mit meinen Klamotten den Ausschlag überdecke (vgl. Jesaja 64,5; Jeremia 2,22)? Natürlich nicht! Genauso sinnlos ist der Versuch, Sünden mit guten Taten zu überdecken.

Wie können wir unsere Sünden loswerden?

Bei allen unseren vermeintlich guten Taten vergessen wir schnell unsere Sünden. Aber was geschieht mit meinen bösen Taten? Wenn ich hoffe, Gott würde mir meine guten Taten hoch anrechnen, wie soll er dann mit meinen bösen umgehen?

Hiob, so berichtet die Bibel, erkannte, dass Gott ihm seine Sünden vorhalten würde, wenn er sich auf gute Taten berufen würde: *"Wenn ich mich mit Schnee wüsche und meine Hände mit Lauge reinigte, dann würdest du mich in die Grube tauchen, und meinen eigenen*

Kleidern würde vor mir ekeln" (Hiob 9,30.31). Das bedeutet: Der Versuch, uns mit guten Taten zu waschen, ähnelt einem ausgiebigen Bad, *bevor* wir eine Schlammschlacht veranstalten, eine Wohnung streichen oder einen Schweinestall ausmisten. Sie helfen uns nicht, anschließend sauber zu sein. Mit guten Taten können wir zwar vielleicht das Leben anderer ein wenig besser machen, aber wir sitzen dann trotzdem schmutzig von Sünde auf der Anklagebank.

Es ist niederschmetternd, aber wahr: Aufgrund meiner und deiner Sünde ist es unmöglich, durch gute Taten irgendwie bei Gott einen Status zu erreichen, bei dem Gott sagen könnte: „Jetzt bist du gut genug für mich!" Wir als Sünder können niemals aufgrund guten Verhaltens zu guten Menschen werden: „*Kann ein Kuschit [Anspielung auf dunkle Hautfarbe] seine Haut wandeln, ein Leopard seine Flecken? Dann könntet auch ihr Gutes tun, die ihr Böses zu tun gewöhnt seid"* (Jeremia 13,23).

Es gibt noch einen Grund, warum wir uns nicht selbst retten können: „*Denn durch die Gnade seid ihr errettet, mittels des Glaubens; und das nicht aus euch, Gottes Gabe ist es; nicht aus Werken, damit niemand sich rühme"* (Epheser 2,8.9). Wenn wir selbst so viele gute Taten getan hätten, dass wir dadurch in den Himmel kommen könnten, könnten wir dann noch Gott dafür die Ehre geben? Ganz im Gegenteil – dann würden wir uns

> Zwar können deine guten Taten das Sündenproblem vor Gott niemals lösen, aber Jesus Christus hat es bereits gelöst, als er am Kreuz gestorben ist!

stolz auf die Schulter klopfen und sagen: „Ich habe es selbst geschafft, ganz ohne Gott!" In diesem Fall wäre Jesus *„Christus umsonst gestorben"* (Galater 2,21).

Es ist für uns aus eigener Kraft unmöglich, frei von Sünden zu werden. Doch so niederschmetternd das ist – es gibt richtig gute Nachrichten: Du kannst deine Sünden ein für alle Mal loswerden, wenn du daran glaubst, dass Jesus für deine Sünden am Kreuz gestorben ist und ihn darum bittest, dir deine ganze Schuld zu vergeben. Dann bist du wirklich befreit von dem „Ausschlag" der Sünde. Nicht die eigenen guten Taten können dich erretten, sondern nur der Glaube an Jesus Christus. Gib es auf, dir den Himmel durch gute Taten verdienen zu wollen. Das funktioniert nicht. Glaube an Jesus Christus!

Wenn aber durch Gnade,
so nicht mehr aus Werken;
sonst ist die Gnade nicht mehr Gnade.

Römer 11,6

„Es gibt doch viele Wege in den Himmel. Warum soll ich an den Gott der Bibel glauben?"

Meine islamische Schulkameradin hatte irgendwann genug. Als sie merkte, dass ich sie von Jesus Christus überzeugen wollte, brach sie unser Gespräch ab. Sie sagte: „Ist ja schön, dass du deine Religion gefunden hast. Aber ich habe meine eigene. Im Prinzip kommen wir doch sowieso alle in den Himmel, alle Religionen sind gleich." Viele Menschen haben diesen Standpunkt, das habe ich in Gesprächen regelmäßig festgestellt. Aber ist da etwas dran? Ist jede Religion tatsächlich gleich?

In der Tat gibt es eine unüberschaubare Anzahl von Glaubensrichtungen: Islam, Judentum, Hinduismus, Buddhismus, Daoismus, Sikhismus, Jainismus, Bahaitum, Animismus, Neopaganismus und viele andere mehr. Doch welcher Weg davon ist der richtige? Oder führen nicht eher alle zu dem gleichen Gott?

Viele Menschen glauben, ein Hauptziel der Religionen sei es, ein annehmbares und moralisch gutes Verhalten zu fördern. Alle Religionen seien so aufgebaut, dass sie uns Prinzipien und Grundsätze vorstellen, anhand derer wir zu besseren Menschen werden können. Doch geht es in Wahrheit nur darum, durch Religion eine Ideologie zu bekommen, die ein gutes Miteinander in einer Gesellschaft bewirkt? Ist es nicht das vorrangige Ziel, einen Weg zu finden, um Gott kennenzulernen, glücklich mit ihm zu leben und nach dem Tod in den Himmel zu kommen? Wenn es hauptsächlich darum geht, zu Gott zu kommen – ist dann jede Religion gleich?

Lehrt nicht jede Religion dasselbe?

Es gibt einen gewaltigen Unterschied zwischen Jesus Christus und allen Religionen.

Nehmen wir einmal an, Gott würde auf einem Berg thronen. Wir Menschen stehen am Fuß des Berges. Natürlich versucht jeder, der glaubt, dass es einen Gott gibt, auf den Berg zu klettern, um ihm näherzukommen. Und schon kommen Religionen ins Spiel: Sie zeigen uns, was der Mensch tun muss, um höher zu kommen. Der Islam sagt: „Halte dich an die fünf Säulen: Bete fünfmal täglich; mache eine Pilgerreise zur Kaaba nach Mekka!" Im Hinduismus, einer Religion, die viele Götter kennt, verlangt das Dharma-Prinzip (individuelles Gesetz für jeden) eine gewissenhafte Erfüllung, um ein gutes Karma* zu generieren. Das Judentum verlangt das Einhal-

---

* „Karma" bezeichnet ein spirituelles Konzept, nach dem jede Handlung – physisch wie geistig – unweigerlich eine Folge hat.

ten des Gesetzes. Es geht immer um die Frage: „Was kann ich tun, um Gott zu gefallen?", immer um den Versuch, aus eigener Kraft und Anstrengung den Berg zu erklimmen. Auch der Buddhismus, der davon ausgeht, dass es kei-

> Jesus ist der einzige, der dir eine Lösung für deine Schuld anbietet. Er weiß, dass du nicht aus eigener Kraft in den Himmel kommen kannst – und findet deshalb einen Weg, dich zu erretten!

nen Gott gibt, lehrt die Fünf Silas, die Gesetze zur Entwicklung der Sittlichkeit sowie den achtfachen Pfad, mit deren Hilfe man das Ziel, das Nirwana, erreichen kann. Auch hier muss man etwas leisten.

Die gute Nachricht der Bibel, das Evangelium von Jesus Christus, beinhaltet jedoch das genaue Gegenteil. Gott weiß, dass kein Mensch jemals zu ihm kommen kann: *„Alle sind abgewichen, sie sind allesamt verdorben; da ist keiner, der Gutes tut, auch nicht einer"* (Psalm 14,3). Deshalb handelt er selbst und steigt den Berg zu uns herunter – in der Person von Jesus Christus, seinem Sohn. Dieser kam als Mensch auf diese Erde und hat *„für Sünden gelitten, der Gerechte für die Ungerechten, damit er uns zu Gott führe"* (1. Petrus 3,18). Gott weiß, dass kein Mensch je vor ihm bestehen kann, und er lässt aus diesem Grund Jesus Christus die Strafe erdulden, die wir verdient hätten. Jesus sagt von sich, dass er der einzige Weg zu Gott ist: *„Niemand kommt zum Vater,* *als nur durch mich"* (*Johannes 14,6*). Diese Aussage macht deutlich, dass eben nicht alle Religionen gleich sind. Es gibt nur einen Weg, um das Problem der Sünde mit Gott zu lösen – Jesus Christus!

Zu Jesus Christus gibt es keine Alternative

Keine der Religionen macht dieses Angebot. Niemand sonst bietet sich an, das Problem der Schuld zu lösen. Kein Religionsführer der Welt hat behauptet, vor Gott die Sünden der Menschen gesühnt zu haben. Jesus Christus ist alternativlos. Wenn du krank bist und es nur ein verfügbares Medikament gibt, das dazu noch kostenlos ist – nimmst du es dann oder fragst du dich, welches du nehmen solltest? Ich vermute, dass du es sofort nehmen würdest. Und warum? Weil es nur dieses eine gibt! Jesus ist der Einzige, der eine verlässliche Lösung anbietet, zu Gott zu kommen.

Während der Islam eine Sühnung in der Hölle vorschreibt oder die indischen Religionen lehren, das Karma zu ertragen, kommt Jesus Christus auf diese Erde, um selbst zu leiden. Er ist somit der Einzige, der überhaupt in Frage kommt, die einzige Option. Folgende Überlegung macht uns das klar: Hätte Gott zugelassen, dass sein geliebter Sohn sterben würde, wenn es noch eine einfachere Lösung gegeben hätte? Sicher nicht! Der qualvolle Tod von Jesus am Kreuz beweist, dass es nichts anderes gibt! Du kannst dir den Himmel nicht verdienen. Die Errettung ist ein Geschenk von Jesus Christus (Epheser 2,8).

Deshalb kann nur derjenige wirklich glücklich sein und in Gemeinschaft mit Gott leben, der an Jesus Christus glaubt. Denn wäre unsere Errettung von unserem eigenen Handeln abhängig, müssten wir in ständiger Angst leben. Der Muslim ist beunruhigt, ob die Waage nicht irgendwann zur falschen Seite kippt, der Hindu fürchtet, als Tier zu reinkarnieren und so weiter und so weiter. In all diesen Religionen muss der Mensch nach dem Tod durch ein Tor schreiten, sich einer Prüfung unterziehen. Und so wie wir bei einer Abschlussprüfung durchfallen können, wäre es dann auch möglich, es eben nicht zu schaffen. Doch Jesus Christus beweist durch sein Sterben, dass du selbst nichts tun kannst, um diese Prüfung zu bestehen. Du kannst keine Punkte sammeln, um dir den Himmel Stück für Stück zu verdienen. Du musst – und darfst – ihn als unverdientes Geschenk Gottes annehmen!

Deshalb lebt der, der an Jesus als seinen Retter glaubt, auch nicht in Angst und Sorge um die Zukunft, sondern weiß, dass er bei Gott angenommen ist: *„Wahrlich, wahrlich, ich sage euch: Wer mein Wort hört und dem glaubt, der mich gesandt hat, hat ewiges Leben und kommt nicht ins Gericht, sondern ist aus dem Tod in das Leben übergegangen"* (Johannes 5,24). – Jesus verspricht dir, dass du im Moment deiner Umkehr zu Gott (durch aufrichtiges Sündenbekenntnis und die Bitte um Vergebung) schon *„in das Leben übergegangen"* bist. Das Geschenk erhältst du bereits bei der Entscheidung für Jesus Christus und nicht erst, wenn du dein Leben auf der Erde einmal abschließt.

Welche Religion bietet dir eine solche Lösung für das Schuldproblem? In welcher Religion sendet Gott seinen Sohn auf diese Erde, damit dieser für dich ganz persönlich stirbt? Siehst du, wie alternativlos Jesus ist?

Es geht dabei nicht darum, wie attraktiv ein Angebot erscheint. Ich vermute, du nimmst nicht das Medikament ein, das den schönsten Namen hat oder am besten aussieht – du vertraust der Arznei, die die beste Heilung verspricht. Sich eine Religion auszusuchen, die „einfach am besten klingt", hat fatale Folgen: *„Da ist ein Weg, der einem Menschen gerade erscheint, aber sein Ende sind Wege des Todes"* (Sprüche 14,12). Ich hoffe, du folgst keiner Religion, die dich in die Irre führt, indem sie dir sagt: „Wenn du dich nur ordentlich anstrengst, wird Gott dich schon akzeptieren." Nein, du musst glauben, dass du selbst unfähig bist, Gott jemals zu gefallen, und dass du einen Stellvertreter brauchst, der deine Schuld vor Gott bezahlt.

Jesus Christus ist einzigartig!

Dieser Stellvertreter ist Jesus Christus. Gibt es einen Religionsgründer, der, obwohl er reich war, für die Menschen arm wurde, damit sie durch seine Armut reich würden (2. Korinther 8,9)? Einen, der gesagt hat, dass er gekommen ist, um „*zu suchen und zu erretten, was verloren ist*" (Lukas 19,10)? Es gibt nur Jesus! Und noch in einem weiteren Punkt unterscheidet er sich von allen anderen: Sein Grab ist das einzige leere der Weltgeschichte! Alle Religionsstifter sind gestorben und im Tod geblieben. Jesus dagegen ist auferstanden und lebt nun im Himmel: „*Was sucht ihr den Lebendigen unter den Toten? Er ist nicht hier, sondern er ist auferstanden*" (Lukas 24,5.6).

Jesus Christus ist, obwohl er den Anspruch hat, der einzige Retter zu sein, kein Tyrann, der die Menschen zwingt, an ihn zu glauben. Wahre Liebe kann nur gewonnen, nicht erzwungen werden.

Übrigens beweist noch eine Tatsache, dass der Glaube an Jesus der einzig wahre ist. Kein Buch der Welt wird so gehasst und gelästert wie die Bibel, kein Buch wurde so häufig verbrannt. Keine Angehörigen einer anderen Religion wurden und werden bis heute so sehr verfolgt wie die Christen. Keine andere Glaubensrichtung wird so verächtlich behandelt. Christen, die ihren Glauben ernst nehmen, werden als „Fundamentalisten" bezeichnet, obwohl ein Christ niemals Gewalt oder Hass säen darf, weil Jesus ihm ein völlig gewaltfreies Leben vorgelebt hat. Über Jesus darf gespottet werden, Spott über Mohammed lässt die halbe Welt aufschreien. Es scheint, als sei eine unsichtbare Macht – der Teufel – am Werk, die den einzig wahren Gott und seinen Sohn bekämpfen möchte. Gibt das nicht zu denken?

Jesus Christus bietet jedem Menschen die Errettung an, der an ihn als den einzigen Weg in den Himmel glaubt und akzeptiert: „Ich bin ein Sünder und kann so, wie ich bin, nicht zu Gott kommen – ich brauche Jesus Christus!" Wenn du das tust, wirst du verstehen: Es gibt tatsächlich nur einen Weg zum Himmel!

Und es ist in keinem anderen das Heil
[oder die Errettung], denn es ist auch kein
anderer Name unter dem Himmel,
der unter den Menschen gegeben ist,
in dem wir errettet werden müssen.

Apostelgeschichte 4,1

UND JETZT?

Liebe Leserin, lieber Leser,

danke, dass du dich mit den biblischen Antworten auf verschiedene Einwände beschäftigt hast. Hoffentlich hast du einige Impulse bekommen, die dir weiterhelfen. Dabei soll nicht entscheidend sein, was *ich* geschrieben habe, sondern was die *Bibel* sagt. Gott lässt dich über viele Einwände, die du möglicherweise hast, nicht im Unklaren. Er zeigt dir, ob sie berechtigt sind oder nicht. Und Gott hat ein gewaltiges Interesse daran, dich zu sich zu ziehen (Johannes 6,44) – weil er dich liebt und für immer bei sich haben möchte. Das Problem der Sünde steht jedoch zwischen dir und Gott.

Der große Gott, der das Recht hat, das Urteil „Schuldig!" auszusprechen und dich für deine Sünden zu bestrafen, hat *„seinen eigenen Sohn nicht verschont, sondern ihn für [dich] hingegeben"* (Römer 8,32). Er ließ seinen eigenen Sohn für Menschen sterben, die ihn hassen und ablehnen. Kannst du diese große Liebe begreifen? Wie immens muss diese Liebe sein, die Gott zu diesem Schritt bewegt hat? Wie groß muss die Liebe sein, die Jesus dazu gebracht hat, für uns auf die Erde zu kommen und sich von grausamen Soldaten anspucken, foltern, auspeitschen und mit Nägeln an das Kreuz schlagen zu lassen – und dann in das schreckliche Gericht eines heiligen Gottes zu gehen?

Ich bete dafür, dass du das einzigartige Rettungsangebot Gottes annimmst, das er dir in seinem Sohn Jesus Christus macht.

Das Leben und den Tod
habe ich euch vorgelegt,
den Segen und den Fluch!
So wähle das Leben,
damit du lebst.

5. Mose 30,19

Dann spricht er [Jesus] zu Thomas:
Reiche deinen Finger her
und sieh meine Hände,
und reiche Hand her
und lege sie in meine Seite,
und sei nicht ungläubig,
sondern gläubig!

Johannes 20,27